Le multimédia pour l'entreprise

Extrait du catalogue général

Extranet, Alain TRIFOT, 1997.

L'édition sur le Web - méthodes d'utilisation de HTML, 2e édition revue et augmentée, Pierre ATTAR, 1997.

Management et intranet, Christine BITOUZET, Philippe FOURNIER, Benoît TÉZENAS DU MONTCEL, 1997.

CD-Rom et vidéo sur CD, Georges ZÉNATTI, 2e édition revue et augmentée, 1996.

Internet, aspects juridiques, Alain BENSOUSSAN, 1966.

Intranet, le réseau d'entreprise, Victor SANDOVAL, 1996.

La carte française des inforoutes, Cédric CURTIL, 1996.

La cyberpresse, Serge GUÉRIN, 1996.

Les CD-Rom culturels, Patrick POGNANT, Claire SCHOLL, 1996.

Les langages de développement sur Web, Imad SALEH, 1996.

Les télécoms et le droit, MÉMENTO-GUIDE ALAIN BENSOUSSAN, 2e édition revue et augmentée, 1996.

Les téléconférences multimédias, Thierry BARBA, Pierre-Olivier GIFFARD, 1996.

Techniques avancées pour l'hypertexte, Jean-Pierre BALPE, Alain LELU, Fabrice PAPY et Imad SALEH, 1996.

Le multimédia et le droit, MÉMENTO-GUIDE ALAIN BENSOUSSAN, 1995.

Les autoroutes de l'information, Victor SANDOVAL, 1995.

Mondes imaginaires, Philippe COIFFET, 1995.

Technologie de la GED, Gérard DUPOIRIER, 2e édition revue et augmentée, 1995.

Le multimédia en entreprise, Christian VAN HOUCKE, 1994.

SGML, Victor SANDOVAL, 1994.

La Réalité Virtuelle, Grigore BURDEA, Philippe COIFFET, 1993.

ILLUSTRATION DE COUVERTURE. – Boris Lyubner – The stock illustration source.

Le multimédia pour l'entreprise

Patrick Maddalena

HERMES

Remerciements

Ce livre est dédié à ceux qui m'ont appris : mes parents, frères et sœurs, quelques-uns de mes professeurs, et bien sûr les participants aux formations que j'anime ainsi que tous ceux qui m'ont accompagné et fait confiance dans cette aventure des nouvelles technologies de formation et du multimédia.

L'auteur remercie également Philippe Prudent qui a réalisé les illustrations de cet ouvrage, ainsi que Charlotte Poméon pour son active et fructueuse participation.

Editions Hermès
14, rue Lantiez
75017 Paris

ISBN 2-86601-601-7

Catalogage Electre-Bibliographie

Maddalena, Patrick
Le multimédia pour l'entreprise. – Paris : Hermès, 1997.
ISBN 2-86601-601-7
RAMEAU : systèmes d'information : entreprises multimédias
systèmes, conception de
DEWEY : 658.13 : Gestion des entreprises. Traitement de
l'information dans l'entreprise

Table des matières

Introduction

J'ai beaucoup appris de mes maîtres, de mes amis encore plus, et de mes élèves plus que tout.

Le Talmud

Le multimédia concerne aujourd'hui des marchés très variés : édition de CD-Rom grand public, applications pour l'entreprise, bases de données accessibles par Internet, ou encore télévision interactive.

La technique multimédia a la particularité d'être applicable à de nombreux domaines, certains concernant le grand public, d'autres les entreprises. Les mêmes techniques peuvent être mises en œuvre pour réaliser une encyclopédie sur CD-Rom, un jeu avec vidéo interactive, une application d'aide à la vente, une borne d'informations ou encore un CD-Rom de propagande politique. Ceci explique que le mot « multimédia » soit utilisé de façon désordonnée et confuse, avec des sens très différents, selon qu'on le trouve dans la bouche d'un pédagogue, d'un vendeur de micro-ordinateurs, d'un publicitaire à la mode ou encore d'un grand fabricant de téléviseurs.

Il y a donc différentes façons d'aborder le multimédia. Pour certains, qui sont nombreux, le multimédia c'est actuellement Internet. Un nombre impressionnant d'ouvrages consacrés à Internet a submergé depuis fin 95 les rayons des librairies. Parmi les livres publiés sur le multimédia, hors Internet, plusieurs sont relatifs à la conception et à la réalisation de produits à vocation éditoriale (CD-Rom culturels, documentaires ou encyclopédies). D'autres ont une approche résolument technique, considérant que le problème majeur du multimédia aujourd'hui est le choix d'un lecteur de CD-Rom performant ou d'une carte son du dernier cri. Enfin, certains ont une approche culturelle et sociologique, et s'interrogent sur les bouleversements que le multimédia va nous apporter, lorsque notre vie quotidienne se déroulera au rythme de la circulation sur les autoroutes de l'information.

Par rapport à ces différentes approches, ce livre est axé principalement sur la conception et la réalisation d'applications multimédias pour l'entreprise. A de nombreuses reprises, les produits multimédias de formation (didacticiels multimédias), seront pris comme exemple. Ce qui sera dit ici des applications de formation, est toutefois la plupart du temps transposable à l'ensemble des applications multimédias destinées à l'entreprise.

A qui s'adresse ce livre ?

Ce livre est écrit pour vous si vous êtes :

– professionnel ou futur professionnel du multimédia ;

– professionnel de la communication et de l'audiovisuel souhaitant aborder le multimédia de façon efficace ;

– informaticien ou responsable de l'informatique en entreprise ;

– commanditaire de projets multimédias désireux de manager vos projets en dialoguant efficacement avec les spécialistes de la technique.

Le multimédia devant concerner un jour ou l'autre la plupart des entreprises, ce livre vous sera également profitable si vous êtes responsable ou décideur qui vous interrogez sur l'intérêt du multimédia pour votre entreprise, et en particulier si vous êtes responsable de formation ou formateur, responsable de communication, de marketing, des ventes, de l'informatique ou de l'organisation.

Que vous apportera ce livre ?

Les objectifs principaux de ce livre sont :

• Pour les non-spécialistes de ce domaine :
  – comprendre ce qu'est vraiment le multimédia ;
  – découvrir les usages professionnels et ce qu'ils apportent à l'entreprise ;
  – vous donner des clés d'analyse de produits multimédias ;
  – permettre de vous repérer dans les différentes technologies ;
  – vous préparer à la mise en œuvre réussie d'un projet multimédia.

• Pour les professionnels ou futurs professionnels du multimédia :

– permettre de vous repérer dans les logiciels de création multimédias et vous aider dans le choix d'un outil ;

– permettre un meilleur pilotage de vos projets ;

– vous donner des éléments pour la conception de produits multimédias de qualité, en enrichissant l'interactivité, et en diversifiant les différents types de parcours et d'interactions possibles.

On-line et off-line : le consensus

Bien qu'ils soient souvent opposés, et qu'il règne une confusion ambiante, relativement aux technologies mises en œuvre en on-line et off-line, on verra dans la suite que ces deux modes de diffusion ont beaucoup en commun. Beaucoup de principes techniques utilisés pour la numérisation et la compression des informations sont identiques, et le processus de production est relativement proche en on-line et en off-line. En outre, ces deux modes de diffusion doivent être considérés par les entreprises comme complémentaires plutôt qu'opposés.

Que vous ayez des projets de création de CD-Rom, ou de serveurs multimédias sur Internet, vous gagnerez à passer par une construction méthodique et réfléchie de votre projet. Et de ce point de vue, les processus à mettre en œuvre et les précautions à prendre seront les mêmes.

Chapitre 1

Définitions et généralités

Il est bon de tâtonner et de se tromper : c'est ainsi qu'on finit par apprendre, et non seulement la chose elle-même mais tout ce qui est en rapport avec elle.

Goethe

1.1. Remarque préliminaire sur l'utilisation du mot « média »

Traditionnellement, le mot média désigne les supports de diffusion de l'information et de la publicité : presse, radio, télévision et affichage. Pour les professionnels du multimédia ou de l'informatique, le terme média désigne plutôt le type ou la forme d'une information. L'ordinateur manipule ainsi différents médias, qui sont des nombres, des textes, des dessins, des photographies, des animations graphiques, des sons sous forme de musique ou de voix et enfin des séquences filmées en vidéo. C'est dans ce sens que nous utiliserons le mot « média », en parlant par exemple dans le processus de production, de préparation des médias, ou de préparation des « objets-média ».

1.2. Le multimédia : quelques définitions couramment rencontrées

Plusieurs définitions du multimédia sont habituellement avancées, aucune n'étant totalement fausse ni totalement juste. Ainsi, selon le dictionnaire du multimédia (AFNOR), une définition « ancienne », datant des années 70, parle de « technique de communication qui concerne au moins deux médias ». Le terme multimédia désignait alors une technique de communication ne faisant pas nécessairement appel à l'informatique, et très utilisée en formation. On désignait ainsi sous le terme d'outil pédagogique multimédia l'utilisation de diapositives et de cassettes sonores, ou encore l'alternance entre des séquences vidéo et l'exposé d'un animateur.

Une définition plus actuelle est, toujours selon le dictionnaire du multimédia : « une technique de communication qui tend à rassembler sur *un seul support* l'ensemble des moyens audiovisuels (graphismes, photographies, dessins animés, vidéos, sons, textes), et informatiques (données et programmes), pour les diffuser simultanément et de manière interactive ». Toutes les définitions données actuellement du multimédia s'accordent au moins sur deux points fondamentaux, qui sont la forme numérique des informations, d'une part, et la logique informatique permettant l'interactivité d'autre part. Le multimédia fait cependant l'objet de différentes approches, et donne lieu à différentes définitions selon l'origine professionnelle et culturelle de ceux qui en parlent : les informaticiens n'ont pas la même définition que les spécialistes de la communication ; les professionnels de l'audiovisuel ou du cinéma ont, eux aussi, une vision différente de celle du monde de l'édition ou de la culture.

Pour preuve à ces différentes visions selon l'origine des intervenants, il n'est que de constater que les informaticiens, relativement habitués à l'interactivité, utilisent le terme « le multimédia » pour informatique multimédia. Alors que les spécialistes de l'audiovisuel, rompus à toutes les utilisations qui peuvent être faites des différents médias, l'appellent « l'interactif » pour « audiovisuel interactif ». Le multimédia est bien, comme l'indique le dictionnaire du multimédia, la convergence de plusieurs techniques (informatique, audiovisuel et télécommunication), qui a donné naissance à une nouvelle technique, avec ses méthodes propres, ses normes et son marché.

1.3. Tentative de définition plus précise

Les définitions que l'on peut donner du multimédia ont beaucoup de mal à exprimer le potentiel de la technologie mise en œuvre, la puissance de communication obtenue par la combinaison des médias, et la variété des approches, des usages et des styles possibles. Le multimédia est bien plus que la simple addition de plusieurs médias, et relève plutôt de leur démultiplication ou de leur amplification grâce à la puissance de l'ordinateur. En combinant les différents médias et l'interactivité, le tout est largement supérieur à la somme des parties. Le multimédia désigne donc l'intégration de différents médias sur un même support, intégration permise depuis peu de temps grâce aux techniques de numérisation et de compression. Chaque objet-média utilisé, texte, photographie ou son, est représenté par un même codage numérique utilisable par l'ordinateur. Les multiples intérêts de la numérisation seront abordés de façon plus précise au chapitre 4.

La numérisation n'offrirait que peu d'avantages par rapport aux supports conventionnels, si elle n'était liée à l'utilisation de l'ordinateur. Celui-ci, outil unique par sa rapidité de calcul et sa puissance combinatoire, possède des caractéristiques qui doivent être exploitées au maximum, pour que les produits multimédias ne soient pas de simples transpositions des médias conventionnels sur un nouveau support :

– L'ordinateur est la seule machine capable de traiter, c'est-à-dire de transformer des informations de façon très rapide et en réagissant instantanément aux demandes de son utilisateur. C'est cette capacité de traitement très rapide qui permettra, entre autre, l'individualisation dans le déroulement des programmes.

– De par sa puissance combinatoire, l'ordinateur est générateur de processus « impredictibles ». L'utilisateur ne connaît pas forcément à l'avance le déroulement du scénario, et ne sait pas quel va être l'effet de l'action qu'il effectue, ni ce que l'ordinateur va lui répondre.

– Le fait que toutes les informations soient numérisées permet en outre de les transformer très rapidement et avec un effet combinatoire très important par rapport aux moyens de diffusion conventionnels.

– Contrairement à ces moyens plus traditionnels que sont la radio, la télévision ou la presse, l'ordinateur est capable de transmettre à distance « en alternat » et en temps quasi-réel (ou du moins ce sera le cas lorsque les réseaux seront suffisamment rapide pour supporter des débits d'information permettant des échanges réellement interactifs). L'ordinateur est ainsi le seul capable d'échanger des informations sous différentes formes, dans les deux sens, et de façon individualisée.

1.4. Un peu d'histoire : d'où viennent le multimédia et l'interactivité ?

Le multimédia tel qu'on le connaît aujourd'hui, est issu de recherches déjà « anciennes », puisque l'apparition du terme dans la presse américaine date des années 70. Une des origines du multimédia réside dans l'informatique « conversationnelle », qui peut être considérée comme la base de l'interactivité d'aujourd'hui.

Les années 60 ont vu l'apparition dans les universités américaines, mais également françaises, de systèmes informatiques conversationnels, mettant à la disposition des étudiants des terminaux alphanumériques, utilisés pour la formation à la programmation, et pour l'enseignement assisté par ordinateur. Ces systèmes, qui paraissent aujourd'hui très rudimentaires, mettaient parfois en œuvre des programmes d'un grande ingéniosité sur le plan de l'interactivité, en permettant à l'étudiant de travailler de façon individuelle et active, par exemple sur des processus de simulation. L'interactivité était, pour les informaticiens qui mettaient au point ces systèmes, un concept relativement maîtrisé, mais l'utilisation de plusieurs médias leur était totalement inconnue, voire inimaginable.

Dès le début des années 80, les spécialistes de l'interactivité et de l'EAO furent très vite attirés par l'utilisation des médias. C'est ainsi qu'on vit apparaître les premiers didacticiels expérimentaux utilisant un projecteur de diapositives piloté par l'ordinateur, et permettant à un étudiant d'apprendre en suivant un didacticiel qui faisait référence aux photographies projetées. Le début des années 80 a vu également de nombreuses recherches et expérimentations sur les terminaux graphiques, sur la numérisation des photographies et du son, en parallèle avec l'expérimentation de serveurs distants.

La barrière au développement du multimédia était alors la nécessité de compresser les données, et pour cela la nécessité d'inventer des algorithmes, et de disposer de micro-ordinateurs puissants, ce qui n'est apparu qu'au début des années 90. Mais les bases du multimédia étaient jetées dès le début des années 80, et certaines grandes entreprises, comme par exemple France Telecom, ont acquis une expérience importante dans l'utilisation de systèmes multimédias pour la formation. Ces équipements peuvent être qualifiés de multimédia « non intégré », puisqu'ils utilisaient un micro-ordinateur pilotant un lecteur de vidéodisque externe et analogique, qui, rappelons-le, permettait toutefois une qualité de vidéo incomparablement meilleure que la vidéo numérique d'aujourd'hui.

1.5. Qu'est-ce que l'interactivité ?

Dans de nombreux ouvrages, l'interactivité est définie comme la possibilité d'agir sur le cours d'un programme et de pouvoir décider de la suite. L'utilisateur a un accès libre à différentes fonctions, sans cheminement imposé. L'interactivité est également souvent indissociable de la rapidité de réaction de l'ordinateur. C'est cette rapidité de réaction qui permettra un échange rythmé entre l'utilisateur et l'ordinateur, avec comme conséquence une attention soutenue de l'utilisateur.

Très souvent, l'interactivité est définie par opposition aux médias traditionnels, et en particulier à la télévision. L'interactivité est ainsi opposée à la linéarité, et consiste en une rupture de la séquentialité du déroulement. La possibilité d'interrompre une séquence, de visionner plus loin, de choisir une autre séquence, est une des composantes de l'interactivité, mais nous verrons que ce n'est pas la seule.

On peut classer de façon approximative les différents médias (au sens vecteur de communication), selon une échelle d'interactivité, du moins interactif au plus interactif (cf. figure 1.1).

Niveau d'interactivité	Médias	Possibilités offertes à l'utilisateur
Faible	Cinéma, diaporama	Suivre ou dormir
	Télévision	Zapper
	Cassette vidéo et cassette audio	Avance, recul, pause, lecture rapide, ...
	CD-Audio	Les mêmes que la cassette mais avec un accès plus rapide
	CD-Rom ou CD-I de type « documentaire » arborescent ou CD-Portfolio	Choisir dans un menu, passer à la suite, retourner en arrière
	Livre interactif « le livre dont vous êtes le héros »	Individualiser le scénario et le déroulement selon les choix du lecteur
	Serveurs Minitel	Choix en arborescence, échange de messages
	Internet	Les mêmes que le Minitel, + hypertexte, + hypermédia
	Applications multimédia off-line : CD-Rom de bonne qualité	Echelle d'interactivité très large selon les produits
	Applications informatiques	Echelle d'interactivité très large selon les produits
Fort	Jeux	Maximum d'interactivité

Figure 1.1. *Hit parade de l'interactivité*

Actuellement, certaines émissions de télévision sont dites interactives. L'interactivité ne concerne dans ce cas qu'une seule personne (c'est le cas par exemple de l'émission « Hugo Délire »), ou peut dans certains cas concerner tout un groupe, devenant ainsi une interactivité « statistique ». Il s'agit là d'une forme particulière d'interactivité, s'apparentant plus au sondage qu'à un mode de communication véritablement interactif et individualisé. Cette télévision interactive, telle qu'elle est expérimentée actuellement, met en jeu une interactivité collective alors que le véritable interactif est nécessairement *individuel.* Il est à noter à ce propos que la télévision conventionnelle a encore de beaux jours à vivre, car la majorité des téléspectateurs ne souhaitent pas nécessairement disposer d'un média interactif qui demanderait de leur part une implication et une participation au déroulement de l'émission.

Si l'on veut concevoir ou analyser correctement un produit multimédia, il est impératif de distinguer deux types d'interactions : les interactions du premier type (pilotage et navigation) servent à accéder aux informations et à conduire le déroulement. Ces interactions permettent à l'utilisateur de choisir, d'arrêter, de reprendre, de naviguer et de se déplacer dans le graphe du programme. Les interactions de second type sont liées au contenu du produit, au sujet qui y est traité, et au scénario : ce type d'interaction permettra à l'utilisateur de manipuler des leviers dans le cas d'une simulation, de faire pivoter une statue pour voir l'autre face, etc. Dans le multimédia pédagogique, les interactions de scénario ou de contenu vont permettre de vérifier l'assimilation des concepts exposés, d'individualiser les chemins pris en fonction du niveau ou des représentations mentales de l'apprenant, de faire des exercices pratiques, etc. Ce sont ces interactions de scénario qui vont réellement individualiser le parcours de l'utilisateur, en fonction de différents critères. De nombreux concepteurs s'arrêtent malheureusement à l'interactivité de pilotage et pensent que les seules fonctionnalités de navigation permettent d'obtenir un produit multimédia de bonne qualité.

1.6. Quelques définitions complémentaires

Lorsqu'on parle de multimédia, certains termes à la sonorité un peu savante sont incontournables :

L'hypertexte permet à l'utilisateur, en cliquant sur un mot ou un groupe de mots « sensibles » dans un texte, de s'échapper de ce texte pour accéder à une autre information. La fonctionnalité d'hypertexte, largement mise en œuvre dans Internet, permet dans certains CD-Roms, de consulter un dictionnaire ou d'accéder à d'autres séquences abordant des sujets associés au mot sur lequel on a cliqué.

L'hypermédia est une fonction comparable à l'hypertexte, mais à partir d'autres médias que les textes. L'hypermédia permet en particulier d'accéder à certaines informations ou à une autre séquence en cliquant sur une image ou sur des zones sensibles d'une image, comme par exemple, sur une carte de géographie.

La navigation ou encore l'hypernavigation désigne le cheminement que prend l'utilisateur à travers le produit, en utilisant l'hypertexte, l'hypermédia et d'autres fonctionnalités de navigation mises à sa disposition.

1.7. Le multimédia n'est pas une mode

L'arrivée soudaine du multimédia, surtout au niveau du grand public, pourrait faire penser qu'il s'agit là d'un phénomène de mode qui ne durera qu'un temps. En fait, si le multimédia n'est apparu que récemment, c'est à la suite de l'apparition concomitante de plusieurs circonstances qui ont permit son existence. Le multimédia est basé sur un ensemble de nouvelles technologies complémentaires, et parmi les conditions favorables, on notera en particulier :

– l'évolution de la puissance des micro-ordinateurs, qui sont aptes depuis très peu de temps à gérer correctement les différents médias avec une interactivité suffisamment rapide ;
– la diffusion croissante d'une informatique « grand public » ;
– l'apparition du support CD-Rom, doté d'une capacité suffisante pour stocker des informations volumineuses, telles que les photographies et le son ;
– le développement des réseaux informatiques ;
– l'élaboration de normes concernant le codage et la compression des informations, en particulier pour la vidéo ;
– le besoin de relance de l'industrie micro-informatique, qui s'essouffle et dont les marges chutent, et qui voit dans les applications multimédia une potentialité de renouvellement du parc matériel.

Il était donc nécessaire d'attendre la conjonction de ces différents événements pour que le multimédia prennent effectivement naissance. Le multimédia porte en lui des possibilités puissantes qui font qu'il ne disparaîtra pas aussi vite qu'il est apparu : au niveau du grand public, le multimédia, pour peu que les concepteurs en exploitent les spécificités, est vraiment incomparablement plus riche et plus attrayant que la télévision ou certains jeux vidéo abrutissants. Pour l'entreprise, le multimédia offre des possibilités d'utilisation quasi-infinies, et apporte dans de nombreux cas un réel avantage concurrentiel à l'entreprise. Dans certains cas, le multimédia permet de réaliser des économies appréciables, et on imagine mal les entreprises dédaigner un outil d'une telle puissance. Toutefois, le multimédia ne remplacera pas les médias conventionnels. De la même façon que la bande dessinée s'est créé un nouveau marché, qui n'a pas remplacé celui du livre, les cassettes vidéo n'ont pas remplacé les disques CD-Audio. De la même façon, au niveau du grand public, les produits multimédia créeront un nouveau marché, mais ne prendront pas la place de la presse écrite, des disques ou de la télévision. De même au niveau de l'entreprise, le recours au multimédia n'implique certainement pas l'abandon des moyens de communication conventionnels.

1.8. Tout reste à faire...

Le multimédia est donc un domaine nouveau, dans lequel la technologie a évolué plus vite que les applications. Les progrès réalisés concernant la puissance micro-informatique, la compression des données et la capacité des supports, ont été considérables en très peu de temps. On constate cependant que le catalogue des produits grand public se compose en grande partie de produits relativement pauvres et n'exploitant pas les possibilités réelles de la technologie. Du côté de l'entreprise, rares sont les applications réellement multimédia et interactives. Ce retard des applications sur la technologie s'explique en partie par la difficulté de création de produits de qualité. Nous sommes habitués à une qualité audiovisuelle techniquement irréprochable (radio, télévision, cinéma, publicité), et dans le multimédia, la création aujourd'hui se fait encore de façon artisanale, sans doute un peu à la façon dont travaillaient les pionniers de la télévision il y a plusieurs dizaines d'années.

Le développement à grande échelle d'applications multimédias est d'autre part freiné par le manque de normes relatives au matériel et au codage des informations. Lorsqu'on achète aujourd'hui un CD-Audio ou une cassette VHS, on ne se pose plus la question de compatibilité avec l'appareil dont on dispose. Pour les applications multimédias, par contre, les utilisateurs sont souvent confrontés à des difficultés de mise en œuvre : nouveau système d'exploitation incompatible avec le logiciel-auteur utilisé, configuration de l'ordinateur mauvaise, carte graphique inadaptée, driver non chargé, etc. Toutes ces difficultés sont liées au fait que la technologie et les bases même du multimédia sont en évolution très rapide, et permettent parfois de penser que le multimédia n'est pas encore majeur, dans le sens où la technologie n'est pas suffisamment stable. Enfin, tout reste à faire sur le plan de l'écriture interactive, qui aujourd'hui n'est pas encore codifiée comme peut l'être le langage de la photographie ou du cinéma.

1.9. Multimédia « on-line » ou « off-line » ?

1.9.1. Multimédia on-line

On parlera de mode on-line (ou connecté), pour désigner un système multimédia dans lequel les informations ne sont pas conservées localement sur l'ordinateur de l'utilisateur, mais sont accessibles sur un serveur à travers un réseau. Le réseau peut être local ou à grande distance, spécifique à l'entreprise (Intranet) ou accessible à tous (Internet). Le mode on-line est caractérisé par une très grande facilité de mise à jour des informations, puisqu'elles sont centralisées, avec la garantie que l'utilisateur accède toujours aux dernières informations que l'on a mises à sa disposition. Le multimédia on-line offre toutefois moins de possibilités d'interactivité que le mode off-line, à cause des délais de transmissions.

Les usages du multimédia on-line dont on parle le plus actuellement, sont les applications disponibles sur Internet ou sur Intranet, et qui proposent les services suivants :

– messagerie électronique, permettant de déposer un message à l'attention de tout utilisateur du réseau, pourvu que l'on ait son adresse ;

– le transfert de documents (FTP : *File Transfert Protocol*), qui permet d'échanger des fichiers entre deux ordinateurs, donc entre deux utilisateurs ;

– les serveurs spécialisés, qui permettent la consultation d'informations diverses et variées, de façon relativement peu interactive.

1.9.2. Multimédia off-line

Dans cette solution, tout fonctionne localement sur le micro-ordinateur de l'utilisateur. Toutes les informations sont stockées localement, sur disque dur ou sur CD-Rom. Eventuellement, certaines informations peuvent être consultées sur un poste voisin par l'intermédiaire d'un réseau local. Le multimédia off-line est caractérisé par une utilisation maximale de toutes les possibilités du multimédia, puisque l'on n'est pas tributaire des délais de transmission à travers le réseau. Par contre, le multimédia off-line est moins pratique pour les mises à jour, puisqu'une fois qu'un produit est diffusé, par exemple sur CD-Rom, il faut procéder à l'envoi d'une nouvelle version et s'assurer du remplacement à chaque évolution. Les applications off-line sont aujourd'hui très utilisées dans les entreprises, par exemple dans le domaine de la formation, de la PréAO et des outils d'aide à la vente.

1.9.3. Multimédia mixte

Il est souvent opportun de mettre au point des applications multimédias, composées d'une partie on-line et d'une partie off-line. De telles applications permettent par exemple l'utilisation d'un catalogue sur CD-Rom, avec connexion à un centre serveur pour la mise à jour de certaines informations telles que les tarifs. Concernant l'évolution du marché, on prévoit en 1997 une répartition d'environ 40 % d'applications on-line hébergées sur de gros serveurs, et 60 % des applications en mode off-line sur micro-ordinateur. Il faut en fait considérer aujourd'hui qu'Internet est un fantastique réseau de communication mais qu'il ne permet pas d'utilisation réellement multimédia, à cause des faibles débits utilisés dans la transmission des informations. Cependant, le développement de la technologie ATM (*Asynchronous Transmission Mode*) dans l'avenir devait remédier à ces faiblesses, et permettre une meilleure diffusion des différents médias, avec des temps de réponse plus compatibles avec le concept d'interactivité. Il est donc vraisemblable, qu'à terme, les fonctionnalités du on-line et du off-line se rapprocheront, et donc que les processus de production des applications et les méthodes de conception deviendront identiques ou en tout cas très proches.

Les principes de base et les éléments de méthode qui seront donnés dans les chapitres suivants s'appliquent aussi bien au mode on-line qu'au mode off-line.

Chapitre 2

Les usages du multimédia dans l'entreprise

Admire d'abord, tu comprendras ensuite.

Gaston Bachelard

Le multimédia offre aux entreprises de nombreuses possibilités d'utilisations. Les applications citées ici sont données à titre d'exemple et correspondent aux utilisations les plus fréquemment rencontrées dans les entreprises.

Néanmoins chaque responsable dans l'entreprise peut trouver lui-même de nouvelles utilisations du multimédia. C'est par la connaissance pratique des besoins sur le terrain, et en même temps la connaissance des possibilités techniques du multimédia que chacun pourra imaginer de nouvelles formes d'utilisation permettant de répondre aux demandes et d'apporter un plus au fonctionnement de l'entreprise.

2.1. Les principales utilisations du multimédia en entreprise

2.1.1. La formation

Le multimédia pour la formation présente de multiples facettes, depuis la simulation, les exercices avec évaluation des stagiaires, jusqu'au cours dispensé par un formateur s'appuyant sur un multimédia interactif de groupe. C'est bien dans le domaine de la formation que le multimédia est utilisé de la façon la plus importante. C'est aussi parce que le multimédia continue sur la voie de l'EAO tracée il y a déjà plusieurs années que les applications rencontrées sont les plus matures. La formation est aussi sans doute l'un des domaines ou les avantages et les apports du multimédia sont les plus évidents : individualisation, formation « au bon moment », etc.

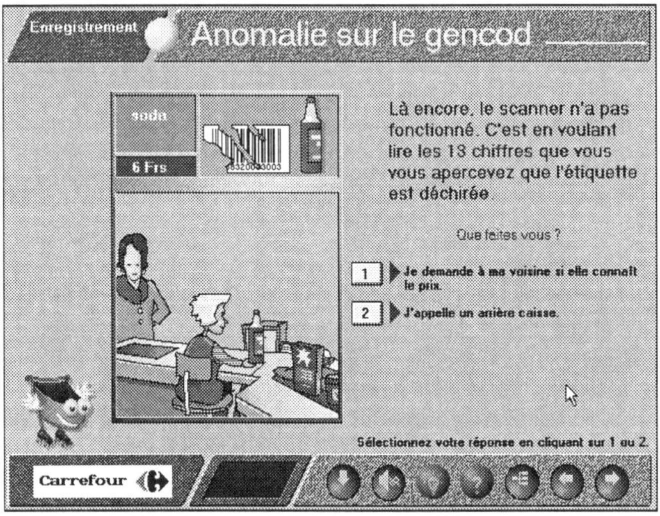

Figure 2.1. *Module de formation « Le métier de caissière », développé par Apigraph pour le compte de Carrefour*

Pour toutes ces raisons, les aspects pédagogiques liés au multimédia seront développés plus amplement dans le chapitre 3.

2.1.2. Promotion de produits, présentation d'entreprise

Il est assez fréquent aujourd'hui d'avoir recours à la conception de CD-Rom pour présenter son entreprise, un nouveau produit ou une nouvelle gamme, que ce soit à destination du client final, des distributeurs ou des commerciaux de l'entreprise. L'intérêt est ici de profiter du caractère attrayant et séducteur du multimédia pour mettre en valeur le message, mais aussi de parvenir à des présentations plus personnalisées, plus individualisées grâce à l'interactivité : l'utilisateur peut choisir les informations qu'il veut consulter, ou la forme de ces informations (forme visuelle, sonore, animée, etc.).

Malheureusement, dans ce type de produit, l'interactivité est souvent un peu négligée par les concepteurs, qui cèdent à la facilité de transposer, sur un support CD-Rom, ce qu'ils ont l'habitude de présenter sous forme de plaquette commerciale ou de documentation.

2.1.3. Information institutionnelle : promotion touristique et culturelle

Là encore, le caractère attrayant et séducteur du multimédia permet une information plus efficace et un renforcement positif de l'image de l'institution. Le multimédia confère ainsi souvent une image de dynamisme et de modernisme dont sont friandes les mairies des grandes villes et autres collectivités locales. Ce type d'application impose néanmoins une mise à jour régulière des informations.

Figure 2.2. *CD-Rom de promotion touristique : « Destination Côte d'Azur » produit par la société Sublimédia en collaboration avec le Comité Régional du Tourisme Riviera Côte d'Azur et d'autres institutions*

2.1.4. Journaux d'entreprise

Il s'agit là de publier, sous forme multimédia, des informations périodiques à usage interne ou externe. Pour de telles applications, les techniques d'Intranet pour l'interne et d'Internet pour l'externe sont aujourd'hui les plus appropriées du point de vue facilité de diffusion et mise à jour des informations.

2.1.5. Systèmes de documentation et de communication dans l'entreprise

Là encore, la technique Intranet offre des solutions bien adaptées à la mise en commun et à l'échange de documentations diverses. Nous nous rapprochons ici plus du domaine de l'édition électronique que des applications interactives.

2.1.6. Photothèque

C'est sans doute l'application la plus simple à mettre en œuvre, et ayant une efficacité la plus immédiate dans beaucoup d'entreprises. Il s'agit là de rassembler sur Photo-CD, ou sur CD-Rom, avec une application simple et peu interactive (consultation par arborescence), toutes les photographies accumulées au cours des années par l'entreprise : photographies présentant les sites de l'entreprise, les produits, les événements importants, etc. En étant numérisées sur support CD, ces photographies deviennent effectivement plus accessibles et plus facilement utilisables à différentes fins : utilisation dans le cadre de journaux d'entreprise, documentation commerciale, diffusion à la presse, etc. Si l'on utilise la technologie CD-Rom ou la technologie portfolio pour un Photo-CD, ces photographies peuvent en outre être sonorisées au moyen de commentaires descriptifs. On a donc ici des applications multimédias relativement simples à réaliser, et ne nécessitant pas un travail de conception trop élaboré.

2.1.7. Outil de sondage et d'évaluation dans l'entreprise

Ce sont des applications à usage interne ou externe à l'entreprise. Par exemple diffusion d'informations internes, de notes de service, de comptes rendus de réunions, avec la possibilité de recueillir l'avis ou les suggestions des personnes qui consultent. On utilise ici les possibilités d'échange réciproque d'informations entre l'ordinateur et l'utilisateur. On peut imaginer également de mettre au point, pour un usage interne à l'entreprise, des questionnaires de type QCM pour évaluer la connaissance qu'ont les salariés de l'entreprise, de ses produits, de ses méthodes. Ceci permet en particulier de vérifier comment la culture d'entreprise est diffusée et partagée. En externe, des applications interactives sont utilisables auprès des clients : enquêtes de satisfaction ou autres études de marché. De telles applications seront de préférence implantées sous forme de bornes interactives ou accessibles par réseau sur le poste de travail de chaque personne concernée.

2.1.8. Outils de présentation (PréAO)

La PréAO est une technique utilisée depuis déjà quelques années par de nombreux conférenciers. La technologie permet aujourd'hui une PréAO multimédia plus riche et plus efficace par l'utilisation de la vidéo, de la photographie et du son. Les présentations faites sous forme de PréAO multimédia peuvent intégrer également de l'animation graphique, sonorisée et même des outils de simulation interactifs. On utilisera le son, la photographie ou la vidéo par exemple pour inclure dans l'exposé des interviews de clients, des visites guidées de locaux, ou toute autre séquence filmée relative à l'entreprise.

Attention toutefois aux contraintes matérielles : les vidéo-projecteurs sont aujourd'hui aptes à bien diffuser les séquences filmées en vidéo mais ce n'est pas le cas des plaquettes de rétro-projection à cristaux liquides. Attention également à l'utilisation du son, qui doit être utilisé avec discernement, en alternance avec la voix du conférencier.

2.1.9. Outils d'aide à la vente

L'ordinateur multimédia offre d'intéressantes possibilités de simulation dans les aides à la vente. Plusieurs applications ont été créées, pour aider le vendeur à visualiser avec le client l'effet de son futur achat. Un magasin de bricolage utilise par exemple une application permettant de visualiser une photographie de la pièce que l'on veut décorer, en choisissant entre salon, cuisine, salle de bain, etc. L'application propose de choisir plusieurs couleurs dans une gamme et de voir les assortiments obtenus directement sur la photo. L'ordinateur propose même des assortiments « tous prêts » de bon goût !!

On peut également imaginer toutes sortes d'outils interactifs d'aide à la vente incluant grâce à la vidéo et aux animations graphiques, des séquences de démonstration de produits. Ces séquences peuvent même revêtir des aspects pédagogiques : « comment tondre plus efficacement votre pelouse avec nos tondeuses ? », « Comment utiliser la nouvelle centrifugeuse à variation électronique pour obtenir d'excellents jus de fruits ? », etc.

De telles applications multimédias peuvent être utilisées sur le lieu de vente, ou, lorsqu'il s'agit d'un achat important demandant une réflexion de l'utilisateur, être distribuées sous forme de CD-Rom au client qui va poursuivre chez lui, devant son micro-ordinateur, son processus de réflexion et de choix. Les outils d'aide à la vente peuvent en outre être utilisés sur micro-ordinateur portable pour un usage par les commerciaux de terrain. C'est ainsi que plusieurs laboratoires pharmaceutiques ont mis au point des applications multimédias destinées aux visiteurs médicaux.

A ce propos, il convient de ne pas oublier la complémentarité entre CD-Rom et diffusion par réseau : l'application multimédia peut être répartie entre une partie figée sur CD-Rom et une partie actualisable par connexion à un centre serveur. On peut ainsi, après avoir fait une présentation des produits sur CD-Rom, consulter sur le serveur les dernières mises à jour de tarifs, les promotions, etc. De tels outils multimédias, confiés à des vendeurs formés à leur utilisation, constituent un avantage concurrentiel souvent décisif.

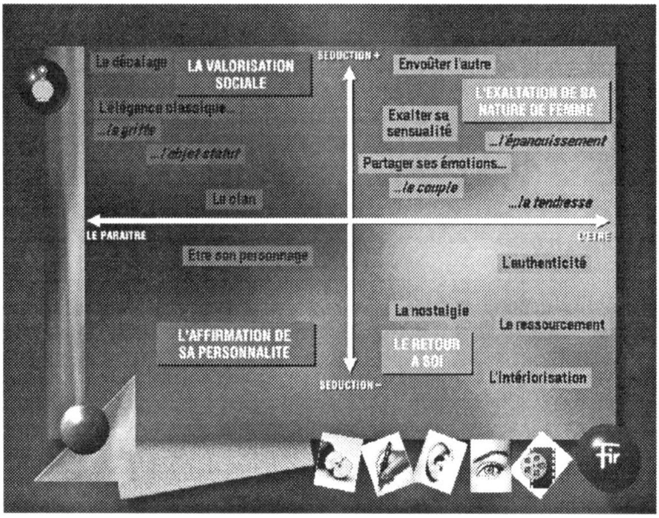

Figure 2.3. *Mapsy, outil commercial d'analyse du marché des grands parfums. Réalisé par Luxmodernis pour la société Firmenich*

2.1.10. Catalogues multimédias

La Redoute a sans doute été la première entreprise à oser faire une version multimédia de son catalogue. Le catalogue « Somewhere », disponible pour micro-ordinateur PC ou Macintosh et sur CD-I, illustre bien les avantages que l'utilisateur, et donc l'entreprise, peuvent tirer d'un tel support : l'utilisateur peut choisir les produits en les sélectionnant selon différents critères, au gré de son humeur ou de ses envies. Il pourrait même avoir accès à des possibilités de « simulation », en affichant à l'écran une combinaison de plusieurs modèles, par exemple chemise et pantalon, et en cliquant sur la palette des couleurs disponibles pour chaque modèle, pour vérifier les assortiments.

Un autre exemple de catalogue est le CD-Rom EXPLOR'US, proposant une gamme de logiciels informatiques achetables en vente par correspondance. Dans ce CD-Rom, l'utilisateur peut naviguer à sa guise dans les différents « rayons » d'un magasin virtuel, voir dans chaque rayon les logiciels disponibles. Il peut « zoomer » sur un produit qui l'intéresse, et même essayer certains logiciels qui sont en version de démonstration sur le CD-Rom. Après avoir visité tous les rayons en remplissant son panier, l'utilisateur peut éditer lui-même son bon de commande.

Bien entendu, il est tout à fait possible de permettre au consommateur qui consulte le catalogue sur CD-Rom, de passer directement sa commande en étant connecté par modem.

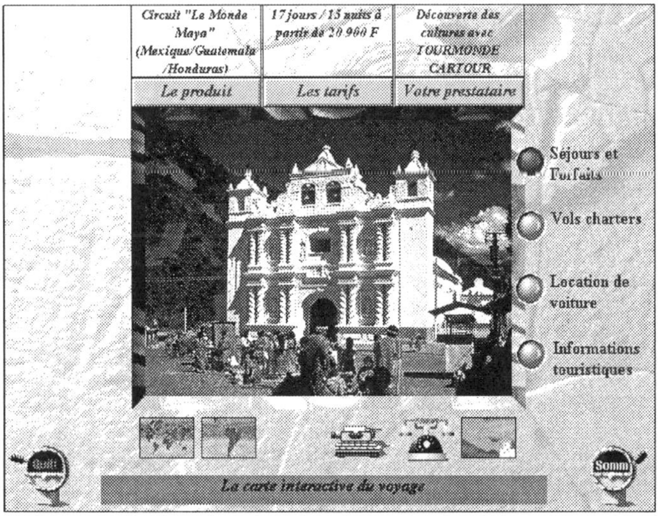

Figure 2.4. *Catalogue promotionnel multimédia regroupant plusieurs voyagistes (Kuoni, Asia, etc.), réalisé par la société G2T Vision*

2.1.11. Bases de données avec représentation multimédia

Les bases de données multimédias s'imposent de façon évidente dans tous les domaines où le texte et les nombres ne suffisent pas : illustrations d'objets, données géographiques, artistiques, etc. Le multimédia associé aux bases de données procure des avantages appréciables : représentation plus précise et plus réaliste des objets pour une entreprise qui vend de nombreux produits, efficacité du multimédia pour l'information sur les points de vente. C'est ainsi qu'un important groupe de la grande distribution a conçu une application multimédia utilisant une base de données centralisée et permettant de diffuser dans chacun de ses magasins des informations sur les nouveaux produits, les nouvelles techniques à destination des vendeurs. Outre les caractéristiques objectives des produits présentés, cette base de données multimédia permet aux vendeurs d'obtenir les photographies des produits, des argumentaires de vente sous forme de commentaires sonores, etc.

Un autre domaine où les bases de données multimédia peuvent être une aide appréciable est celui des agences immobilières : une agence immobilière peut disposer d'une base de données avec pour chaque bien immobilier des photographies, voire des séquences vidéo de présentation. Cet aspect multimédia associé à des possibilités de sélection multi-critère (localisation, prix, surface, etc.), permet de limiter considérablement les temps de déplacement et de visites et augmente de façon significative le service rendu au client, qui lui aussi économise son temps. Là encore, le multimédia associé à une base de données constitue pour l'entreprise un avantage concurrentiel important.

Les bases de données multimédias peuvent donner lieu également à des développements importants dans le domaine muséographique et culturel. Pour preuve, le projet « SOIERIE » développé au Musée des Tissus de Lyon, dans le but de mettre en place une base de données iconographiques mémorisant les pièces détenues par le Musée. Cette base de données contient essentiellement des images associées à des données alphanumériques et techniques, concernant les tissus. Le Musée des Tissus possède 4 millions de pièces. Le projet « SOIERIE » a eu pour objectif de saisir sur ordinateur 30 000 de ces pièces, le choix ayant été effectué en fonction de différentes priorités, dont le besoin des industriels. Cette base de données offre différentes possibilités :

- Consultation professionnelle pour les industriels, créateurs, etc. ;
- Consultation pour les historiens et chercheurs ;
- Utilisation pour le personnel du Musée ;
- Animation grand public, etc.

La prise de vue des tissus ou costumes numérisés a été effectuée au moyen d'un appareil photographique numérique, en définition 1 580 x 1 024 pixels en 16 millions de couleurs. Une organisation méthodique de la saisie a permi d'engranger les informations à un rythme relativement rapide : 10 000 tissus saisis par an, soit 10 minutes par pièce, incluant le temps de numérisation, de retouche et d'insertion dans la banque.

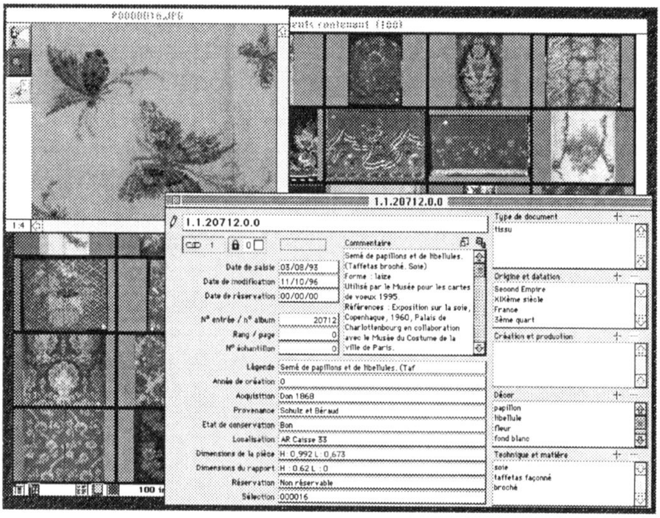

Figure 2.5. *La base de données du Musée des Tissus de Lyon. Réalisation CCI Lyon-Centre d'Infographie*

2.1.12. Banques d'images

Il s'agit là d'applications spécifiques aux professionnels de l'image : de plus en plus les grandes agences photographiques mettent à la disposition de leurs clients des banques de photographies numérisées, accessibles depuis le micro-ordinateur du client par l'intermédiaire du réseau Numéris. Par rapport aux systèmes traditionnels, la numérisation permet une mise à disposition beaucoup plus rapide des photographies : les photographes de l'agence, en reportage sur le terrain, sont équipés du matériel nécessaire pour numériser leurs photos après développement et pour transmettre directement à l'agence leurs photos numérisées à travers le réseau Numéris. Les photos sont ainsi très rapidement intégrées à la base de données et disponibles pour les clients.

2.1.13. Aides au travail et documentations techniques

Un bon exemple de documentation technique sous forme numérique est le système Dialogys utilisé par Renault. Ce système remplace la solution traditionnelle à base de microfiches, par une documentation sur support CD-Rom. Les concessionnaires ou agents Renault peuvent ainsi disposer d'une banque de données réunissant toutes les informations techniques après-vente dont ils peuvent avoir besoin. A noter ici que le CD-Rom est utilisé plus pour sa capacité à mémoriser un grand nombre d'informations que pour ses aptitudes à diffuser des informations multimédias. En effet, les informations concernées sont essentiellement ici des schémas techniques. Le contexte ne nécessite pas d'avoir recours ni à des photographies, ni à des vidéos, ni à des présentations sonorisées.

D'autres applications d'aide au travail ont été conçues par exemple à l'usage de techniciens de maintenance : aide au diagnostic de panne, affichage de schémas techniques en fonction du besoin, commentaire sonore concernant les schémas, visualisation de séquences vidéo montrant les gestes à effectuer pour la réparation.

Un autre exemple, qui est à la fois une aide au travail et un outil de formation, est le « Guide Interactif Alcatel 4200 ». Ce produit, réalisé pour Alcatel Telecom, permet à tout utilisateur d'un nouveau poste téléphonique Alcatel Reflexe d'apprendre à utiliser les fonctionnalités puissantes de son poste téléphonique. Après avoir été utilité en phase de formation, le Guide Interactif reste disponible en permanence sur le PC de l'utilisateur pour lui rappeler de façon interactive, les manipulations nécessaires à telle ou telle fonctionnalité.

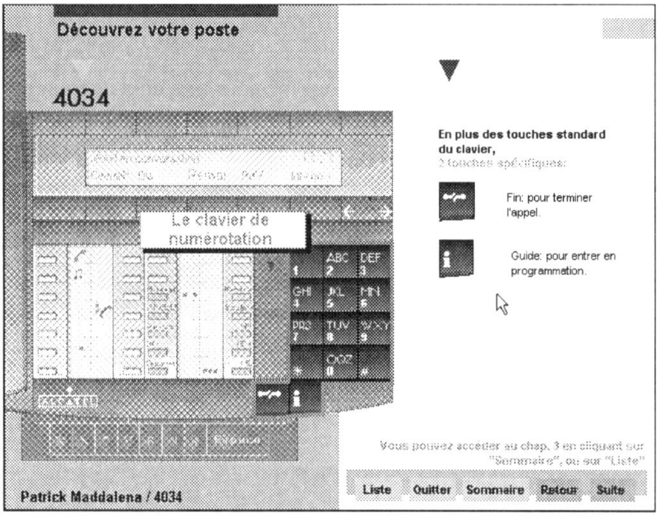

Figure 2.6. *Guide Interactif Alcatel 4200. Réalisé pour Alcatel Telecom par PM Consultants*

De telles applications remplaceront probablement à terme les soporifiques notices d'utilisation que l'utilisateur a généralement beaucoup de peine à lire.

2.1.14. Borne interactive

Il ne s'agit pas ici à proprement parler d'une application particulière mais plutôt d'une forme que l'on donne aux applications multimédias, et d'un type bien particulier d'interface entre l'utilisateur et l'application multimédia. Une borne interactive est en fait constituée d'un ordinateur, généralement doté d'un écran tactile, inséré dans un habillage conçu pour être vecteur de communication de l'image de l'entreprise. L'ordinateur, inséré dans la borne, peut fonctionner soit en mode local, soit en étant relié par un réseau à un site central. Cette liaison par réseau peut être permanente ou intermittente. Il est possible d'envisager une application multimédia installée localement dans la borne, qui, la nuit, se connecte automatiquement au site central pour télécharger les mises à jour d'informations. La création d'une borne interactive nécessite, outre la création de l'application multimédia, une véritable conception matérielle : selon l'emplacement où doit être installée la borne et selon l'usage auquel elle est destinée, les contraintes ne seront pas les mêmes. Les bornes situées dans des lieux publics sont ainsi nécessairement plus volumineuses afin d'être bien vues par le public, et doivent répondre à des contraintes de fiabilité et de sécurité (anti-vandalisme).

La borne interactive peut être utilisée à des fins variées : promotion de produits, présentation d'entreprise, animation de stands, recueil de coordonnées sous forme de jeux-concours, utilisation sur les lieux de visite de l'entreprise (hall d'accueil, show room, centre de formation, etc.). Pour un usage interne à l'entreprise, la borne interactive peut être utilisée pour diffuser le journal de l'entreprise. La borne peut accueillir également des applications de type sondage ou évaluation dans l'entreprise. Concernant l'information institutionnelle, des bornes interactives peuvent être installées dans des lieux publics pour diffuser le bulletin municipal, des informations touristiques ou encore des guides pratiques.

Figure 2.7. *Borne de présentation des activités de Polytek Multimédia Formation, réalisée par Polytek*

Une étude récente, menée par la société BASF, a permis de mesurer l'efficacité d'une borne interactive placée au rayon jardinage d'un hypermarché. Les points particulièrement significatifs ressortant de cette étude sont les suivants :

– Fort taux de satisfaction (82 %), bien que le contenu de la borne soit jugé incomplet et insuffisant par près de la moitié des consommateurs ;
– et surtout conséquence importante : 79 % des personnes déclarent procéder à un achat après consultation de la borne.

Pour conclure sur ces différents usages du multimédia en entreprise, il faut souligner que toutes les applications citées précédemment peuvent être implantées soit en mode local sur CD-Rom, soit en mode connecté accessible par un réseau. Les potentialités de ces deux types de diffusion n'étant pas les mêmes sur le plan technique, il est toutefois nécessaire d'adapter la conception de chaque application au mode de diffusion choisit. Rappelons d'autre part que le CD-Rom peut assurer une fonctionnalité d'archivage des informations. En effet, sa capacité lui permet de stocker une grande quantité d'informations « traditionnelles » telles que textes ou nombres. Ainsi dans toute entreprise, compte tenu de la disponibilité actuelle des matériels de gravure, on pourra avoir recours au CD-Rom pour archiver différents types de documents. Ceci ne constitue pas un usage réellement multimédia ni interactif du CD-Rom, mais l'on peut considérer comme un atout supplémentaire le fait que le même type de support et le même matériel puissent être utilisés d'une part pour des applications multimédias et d'autre part pour l'archivage des documents.

2.2. Applications «grand public» transférables à l'entreprise

Le multimédia grand public constitue aujourd'hui une activité éditoriale importante qui se manifeste par la création permanente de nouveaux produits. Ces produits sont destinés à un usage personnel et familial. Néanmoins, les entreprises peuvent, en faisant preuve d'un peu d'imagination, s'inspirer de ces produits grand public pour créer de nouvelles applications professionnelles.

2.2.1. Encyclopédies et dictionnaires

L'entreprise peut envisager la création d'une encyclopédie spécifique à son métier, et à ses activités. Par exemple, une entreprise du domaine de la chimie pourra créer une encyclopédie constituée de la somme des connaissances fondamentales de la chimie, des applications à ses propres procédés, à ses produits, à son activité. Une telle encyclopédie, destinée à un usage interne, pourra constituer en quelque sorte sa « bible » technique ou scientifique.

2.2.2. Produits culturels et muséographiques

Les grandes entreprises, existant parfois depuis de nombreuses années, ont une histoire qu'il peut être intéressant de retracer dans un musée virtuel multimédia. Ce musée pourra permettre de voyager dans l'histoire de l'entreprise, de sa technologie, de ses produits, et lui permettra de communiquer son histoire et sa culture de façon plus aisée, plus attrayante et moins coûteuse qu'un musée réel.

2.2.3. Jeux

Toute entreprise peut envisager d'avoir recours à des jeux multimédia interactifs dans un objectif de marketing par exemple en remplacement des traditionnels jeux-concours. L'entreprise peut également réaliser des produits multimédia de type ludo-éducatifs pour assurer de façon attrayante sa promotion, véhiculer ses concepts et son image de marque. C'est ainsi qu'on a vu, il y a déjà quelques années EDF diffuser un jeu basé sur la vie des saumons, associé à un message éducatif sur la protection de l'environnement.

Un autre domaine où le jeu peut être d'un apport précieux est le domaine des opérations de stimulation commerciale : concours organisé sur la base de jeux d'aventures interactifs, ou jeux de type encyclopédique, mettant en œuvre des connaissances sur l'entreprise et ses produits, ses technologies, et mis en scène sous forme de scénario ludique. De telles applications peuvent être les nouveaux outils des opérations de stimulation commerciale ou de renforcement d'esprit d'équipe.

2.2.4. Film interactif

De nombreuses entreprises disposent de films réalisés en vidéo. Il est relativement aisé, à partir de cette matière première existante, de réaliser des produits interactifs permettant la consultation individualisée de ces séquences.

2.3. Les avantages du multimédia pour l'entreprise

Les utilisations possibles du multimédia en entreprise sont donc nombreuses et séduisantes. Néanmoins, on doit avoir en permanence le souci de l'efficacité de telles applications. Quels sont donc les avantages que l'on peut tirer du multimédia ? Quel impact et quelle efficacité peut-on en attendre ? Ces questions légitimes trouveront des éléments de réponse dans les lignes qui suivent.

2.3.1. Les avantages d'une technologie puissante et fiable

La technologie utilisée aujourd'hui offre une grande capacité de stockage, que ce soit sur CD-Rom, sur les nouveaux supports DVD, ou sur serveurs accessibles par réseau. Il sera aisé d'apprécier le côté pratique du stockage numérique en remplacement de supports traditionnels pour tout ce qui est relatif à la documentation et à la communication interne d'entreprise. On disposera avec le multimédia, d'informations fiables accessibles rapidement et aisément. Concernant les informations stockées traditionnellement de façon analogique (photographie, film vidéo, etc.), on appréciera, avec les nouveaux supports multimédias, la fiabilité du stockage numérique : pas d'usure des supports liée à l'utilisation des informations, pas de dégradation lors d'une transmission à distance, etc. Les technologies utilisées pour le multimédia permettent une très grande facilité, une très grande rapidité pour la mise à jour des informations, en particulier sur serveur.

2.3.2. Qu'apporte le multimédia à la communication ?

L'efficacité du multimédia sur le plan de la communication résulte essentiellement de ses fondements même : l'interactivité et la combinaison des différents médias. D'après certaines études statistiques, une personne se souvient de

20% de ce qu'elle a vu, de 40% de ce qu'elle a entendu et de 75% de ce qu'elle a fait. Le multimédia sollicite en alternance les différents sens, et permet à l'utilisateur d'être actif dans la phase de communication. L'impact du message et son assimilation par l'utilisateur ne pourra en être que meilleure. On sait d'autre part que tous les individus n'ont pas la même sensibilité et la même capacité de compréhension selon le type de média que l'on utilise. Certains sont plutôt auditifs, d'autre visuels, etc. Le multimédia faisant appel aux différents sens et aux différentes sensibilités des personnes, permet donc une meilleure efficacité et un meilleur « rendement » dans la communication (résultats obtenus par rapport à l'énergie fournie). Enfin tout ce qui est basé sur le graphisme informatique et sur l'animation sera précieux dans la communication pour montrer « l'invisible », que l'on ait à montrer des transformations chimiques, un modèle socio-économique, ou encore le fonctionnement d'une pompe.

2.3.3. L'ordinateur est un outil unique

N'oublions pas que le multimédia repose sur la technologie informatique et que l'ordinateur est le seul outil qui offre de telles possibilités de communication réciproque : l'ordinateur peut non seulement émettre des messages en direction de l'utilisateur, mais encore recueillir des informations. Par exemple conserver les coordonnées des visiteurs qui consultent une borne, recueillir les suggestions du personnel dans un système de communication interne d'entreprise, etc. L'ordinateur est également le seul outil qui permette, en communication comme en formation, d'individualiser les présentations et les parcours : on aura accès à l'information pertinente pour chaque personne et la possibilité de mémoriser dans l'ordinateur une trace de la consultation pour accroître la personnalisation des consultations ultérieures (conservation d'historique).

2.3.4. Le multimédia est un outil multiforme

Les applications du multimédia sont nombreuses et la forme que peuvent revêtir les applications est très différente d'une entreprise à une autre. La forme et le style seront différents également en fonction des objectifs fixés. Le multimédia permet une grande variété des approches possibles selon que l'on veut convaincre, démontrer, expliquer, séduire, etc., et il est possible de trouver la solution répondant à chaque besoin particulier, plutôt que d'avoir recours à des solutions uniformes.

2.3.5. Le multimédia est attrayant et valorisant

Pour la très grande majorité des utilisateurs, le multimédia exerce un attrait particulièrement fort que n'ont pas les supports de communication ou de formation traditionnels (textes, plaquettes commerciales, supports de cours, transparents, etc.).

Les possibilités ludiques du multimédia viennent encore renforcer cet attrait sur l'utilisateur. Le multimédia est généralement considéré comme valorisant pour l'utilisateur intermédiaire. Le vendeur qui utilise un outil multimédia d'aide à la vente face à son client, le formateur qui alterne son cours avec un didacticiel multimédia, trouvent la plupart du temps dans ces nouveaux outils une valorisation de leur fonction et de leur travail. Il est toutefois à souligner que si dans la majorité des cas le multimédia est fort bien accueilli par les utilisateurs concernés dans l'entreprise, il se trouve parfois quelques personnes au comportement réactionnaire, qui pour ne rien changer à leur fonctionnement habituel, vont tout faire pour trouver au multimédia et plus généralement aux nouvelles technologies, les pires inconvénients.

Outre ces avantages objectifs, l'utilisation du multimédia dans l'entreprise induit souvent d'autres effets secondaires positifs. En particulier il confère à l'entreprise qui l'utilise une image de modernisme et de dynamisme. Mais pour l'entreprise, utiliser le multimédia n'est pas simplement se donner une image de modernité. On constate concrètement que son utilisation apporte de réels gains de productivité, et des avantages concurrentiels importants par un accès plus rapide et plus fiable aux informations. Le multimédia est également dans certains cas, synonyme d'économie ou de diminution des coûts, par exemple sur les durées de formation.

Malgré ces avantages et les gains réels procurés par l'utilisation du multimédia, il est toutefois important de rester lucide en lui donnant la place qui lui revient, au même titre que d'autres outils de communication, de marketing ou de formation, qui ont fait leurs preuves. Ceux-ci ne doivent en aucun cas être mis au panier sous prétexte de n'être pas assez au goût du jour, mais plutôt être utilisés en complément avec les nouvelles technologies. Le meilleur multimédia ne résout pas tout, les meilleurs outils d'aide à la vente ne remplaceront jamais le bon vendeur, et le meilleur didacticiel multimédia ne résoudra jamais les problèmes psycho-sociologiques auxquels un formateur expérimenté pourra faire face.

2.4. Multimédia on-line ou off-line ?

Les deux modes de diffusion du multimédia correspondent chacun à des types d'applications différents :

2.4.1. Le mode on-line (ou connecté)

C'est un système dans lequel les informations ne sont pas conservées localement sur l'ordinateur de l'utilisateur, mais sont accessibles sur un serveur à travers un réseau. Le réseau peut être local ou à grande distance, spécifique à l'entreprise (Intranet), ou accessible à tous (par exemple Internet).

Avantages : ce sont essentiellement la facilité de diffusion sur des sites dispersés et de mise à jour des informations. Un système on-line permet d'avoir la garantie que l'utilisateur a toujours les informations de dernière minute à condition qu'on les ait mises à jour sur le serveur.

Inconvénients : un des inconvénients du mode on-line est le coût d'exploitation puisqu'il y a nécessairement, soit des frais de connexion téléphonique, soit de location de réseau. D'autre part, le mode on-line a l'inconvénient de permettre moins d'interactivité que le mode off-line. A cause des délais de transmission de l'information dans le réseau, l'interactivité est moins rapide et il est rare, dans l'état actuel de la technologie, d'avoir du son ou de la vidéo en temps réel. Le multimédia on-line ne pourra donc pas convenir dans certains types d'applications qui nécessitent beaucoup d'interactivité et d'utilisation des médias.

Par contre, le mode on-line est particulièrement bien adapté pour des applications de type catalogues, ou des bornes d'informations nécessitant des mises à jour fréquentes. Dans le domaine de la formation, le multimédia on-line sera réservé, soit à des produits de consultation de banques de connaissances ou d'encyclopédies (avec peu d'interactivité de scénario), soit à des tests d'évaluation, le mode on-line permettant dans ce cas la centralisation et le traitement des résultats. Cette même fonctionnalité de traitement centralisé sera utile également pour des applications de sondage. Enfin, les bases de données multimédias se prêtent bien à une utilisation en mode on-line.

2.4.2. Le mode off-line (ou déconnecté)

Dans cette solution, l'application fonctionne entièrement localement sur le micro-ordinateur de l'utilisateur. Toutes les informations sont stockées le plus souvent sur disque dur ou sur CD-Rom, et donc avec un temps d'accès beaucoup plus rapide que sur réseau.

Avantages : le multimédia off-line présente essentiellement comme avantage la possibilité d'utiliser intégralement toutes les possibilités des techniques multimédia, en exploitant au mieux l'interactivité. Un autre avantage est l'indépendance par rapport aux réseaux. Enfin, sur le plan marketing, la diffusion d'un CD-Rom en tant qu'objet concret et manipulable, peut être également un bon vecteur de communication.

Inconvénient : l'inconvénient essentiel du mode off-line est bien entendu la difficulté de mise à jour.

Le multimédia off-line sera donc particulièrement bien adapté pour les applications de formation qui nécessitent une réelle interactivité, et le recours à plusieurs médias simultanément. La diffusion d'applications sur CD-Rom est également largement utilisée pour la PréAO, les aides à la vente, ou encore les aides au travail ou les documentations techniques qui ont un faible taux de mise à jour.

2.4.3. Multimédia mixte

Certaines applications multimédias sont basées à la fois sur des composantes on-line et off-line. Par exemple, il est possible de diffuser un catalogue sur CD-Rom en permettant à l'utilisateur de se connecter périodiquement à un serveur pour la mise à jour de certaines informations sur son disque dur, comme par exemple les tarifs. On peut également envisager de distribuer, à partir d'un serveur centralisé, des informations multimédias sur des postes répartis sur différents sites de l'entreprise. Après téléchargement des informations sur chaque poste, par exemple pendant la nuit, le poste multimédia peut fonctionner en mode déconnecté, pendant la journée, en ayant la possibilité d'exploiter toute la puissance du multimédia off-line.

Chapitre 3

Le multimédia pour la formation

Si vous fermez la porte à toutes les erreurs, la vérité restera dehors.

Rabindranath Tagore

C'est dans le domaine de l'éducation et plus encore dans celui de la formation professionnelle, que les usages du multimédia sont les plus matures aujourd'hui. Grâce à l'expérience acquise en EAO (*Enseignement Assisté par Ordinateur*), qui exploite l'interactivité depuis de nombreuses années, les concepteurs de didacticiels sont passés progressivement à la création de didacticiels intégrant des photographies, puis du son, puis l'ensemble des médias. Ce que l'on appelle parfois le multimédia pédagogique est en fait un prolongement de l'EAO, qui peut être qualifié « d'EAO Multimédia ». Des didacticiels multimédia sont ainsi utilisés avec profit en formation professionnelle, chez France Telecom, La Poste, EDF, Citroën, Peugeot, Renault, Carrefour, les centres AFPA, le CNAM, Poilane, le Crédit Agricole, Siemens Nixdorf, Bull, l'AFNOR, Les Caisses Primaires d'Assurance Maladie, et bien d'autres. Ces entreprises ont, dans de nombreux cas, conçu et développé des produits de formation spécifiques à leur domaine, à leur métier, à leur entreprise. Néanmoins, beaucoup de produits « standards » sont disponibles chez quelques éditeurs spécialisés, qui permettent d'avoir recours au multimédia pour la formation, sans développements lourds et coûteux.

Les formations en langues ont été, dès l'apparition du multimédia, le domaine de prédilection de l'utilisation de l'image et du son. L'ordinateur remplace ainsi avantageusement le laboratoire de langues conventionnel, l'apprenant pouvant non seulement écouter des séquences sonores, mais encore répondre à des questions, s'enregistrer et comparer la courbe de son intonation avec la prononciation idéale.

Les possibilités du traditionnel laboratoire de langues sont donc largement dépassées et ce type de produit est accessible aux entreprises pour moins de 10 000 francs.

Figure 3.1. *CD-Rom de la collection « CD Langues », édité par Mediaconcept*

Beaucoup de ce qui va être dit dans ce chapitre sur les avantages du multimédia, ou encore sur les précautions à prendre pour favoriser son intégration dans l'entreprise, est tout à fait adaptable à d'autres domaines que la formation.

3.1. Les usages du multimédia en formation

3.1.1. Le multimédia peut-il remplacer le formateur ?

Le multimédia est un outil de formation, certes très puissant, qui peut être inséré dans un dispositif de formation au même titre que d'autres outils. Le multimédia peut éventuellement à certains moment donner lieu à une utilisation en autoformation, et donc remplacer ponctuellement le formateur. Mais ce remplacement ne pourra être que très localisé, et le multimédia doit surtout être considéré comme un allié du formateur, dans le sens ou l'un et l'autre visent les mêmes objectifs, et contribuent ensemble à la réussite de la formation.

Certaines entreprises ont connu, avec l'EAO, des échecs et des déceptions pour avoir cru que l'EAO pouvait remplacer à moindre coût les formations traditionnelles et les formateurs. Les années 80 ont vu apparaître le mythe de l'EAO dans certaines grandes entreprises, qui ont confondu EAO et autoformation. Certains responsables de formation on vu dans le recours à ces techniques une opportunité de diminuer les coûts de formation et de déplacement. On a vu également dans l'EAO la possibilité de distribuer une formation sur le lieu de travail pour des contenus de formation qui ne pouvaient pas être organisés de façon traditionnelle (formation trop courte, apprenants trop dispersés, etc.). C'est ainsi que certaines entreprises ont mis en place la distribution de modules en autoformation, en parallèle avec leur dispositif de formation classique, voire même de façon concurrentielle avec ceux-ci. Il a fallu quelques échecs pour s'apercevoir que, si l'ordinateur peut être d'un grand secours sur le plan pédagogique, l'acte d'apprendre est en grande partie relationnel, car il met en œuvre des changements de croyance, d'attitude, et de comportements, qui nécessitent tôt ou tard la présence d'un formateur.

3.1.2. Autoformation individualisée et encadrée

L'autoformation « abandonnée » a donc très peu de chance de réussir dans les entreprises. Certaines entreprises, ou certains centres de formation ont toutefois mis en place des systèmes d'autoformation « encadrés » ou « tutorés » parfaitement adaptés aux besoins de l'entreprise. De nombreuses entreprises ont aujourd'hui mis en place de telles possibilités d'autoformation sous forme de « centre de ressources ». C'est le cas par exemple des hypermarchés Carrefour, dans lesquels la formation des caissières repose essentiellement sur l'utilisation d'un module multimédia conçu à cet effet. La caissière en formation se forme individuellement, en suivant le module multimédia par séquence courte (1 h à 1h 30), mais en étant encadrée et suivie par une monitrice capable de répondre à ses questions et de vérifier sa progression.

Un autre exemple de système d'autoformation tutorée est celui mis en place depuis plusieurs années par EDF, pour la formation de techniciens en télécommunication. Ce dispositif de formation est basé sur une alternance entre les séquences de formation en groupe et des séquences où le stagiaire travaille en autoformation, sur son lieu de travail selon un planning déterminé à l'avance. Pendant les périodes d'autoformation, le stagiaire a la possibilité de communiquer avec son formateur, soit par un système de messagerie, soit lors de séances d'audio-conférence, qui sont organisées au milieu de chaque période, et qui permettent de maintenir les liens du groupe.

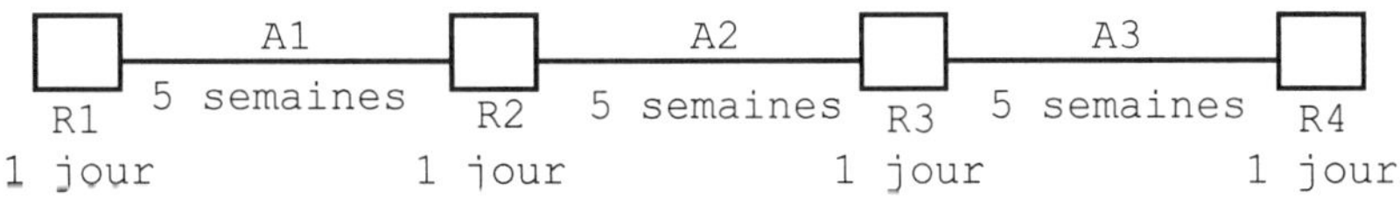

A1, A2 et A3 représentent trois phases d'autoformation sur site.
R1, R2, R3 et R4 représentent les séances de regroupement.

Figure 3.2. *Déroulement du système d'autoformation EDF*

3.1.3. Complément à la formation en groupe

Le multimédia peut être utilisé avec profit comme complément à des formations organisées de façon conventionnelle. Il est tout à fait envisageable par exemple, d'avoir recours à un module multimédia que les stagiaires vont suivre avant de participer à une formation, afin de vérifier qu'ils ont les prérequis nécessaires. Ce type d'utilisation peut permettre de diminuer les différences de niveau des participants à un même stage. A l'inverse, un module multimédia peut être utilisé après un stage, comme « piqûre de rappel », ou pour renforcer ou approfondir de ce qui a été vu dans la formation.

3.1.4. Multimédia intégré dans la formation

Le multimédia peut être utilisé dans le cadre de formations en groupe. Selon les domaines, le multimédia sera utilisé de façon différente. Ce peut être par exemple un outil de « travaux pratiques » dans des domaines techniques, qui sera complémentaire au cours du formateur. Dans certains cas, le multimédia peut être utilisé en renforcement de ce qui a été vu avec le formateur, ou donner lieu à des exercices. Le multimédia peut contribuer également à homogénéiser un groupe de stagiaires, si l'on dispose de modules différents correspondants aux lacunes de chacun d'entre eux. Intégré dans la formation, le multimédia peut être utilisé de différentes façons, selon le type de formation, le style d'animation du formateur, et le contenu. Il est ainsi possible d'organiser le travail en multimédia soit en mode individuel (un poste de travail pour chaque apprenant), soit en binôme, soit encore en mini-groupe. La formation est ainsi constituée de phases d'autoformation très ponctuelles, le formateur procédant à l'animation du groupe en navigant d'un élève à un autre ou d'un binôme à un autre.

Un autre usage du multimédia en formation, assez peu répandu aujourd'hui mais promis à un grand avenir, est l'interactivité de groupe. Dans un tel système, le formateur utilise un ordinateur multimédia dont les images sont projetées sur grand écran. Il s'agirait là simplement de PréAO multimédia, si les participants du groupe ne disposaient pas d'un outil d'interactivité leur permettant de s'exprimer. C'est le cas en particulier du système Hypermaster, qui fonctionne de la façon suivante : chaque personne du groupe dispose d'un boîtier émetteur sans fil qui permet d'envoyer instantanément la réponse à une question posée par le formateur. Les réponses envoyées sont reçues par un récepteur, relié à l'ordinateur du formateur. Doté d'un logiciel de création très simple à mettre en œuvre, le système Hypermaster permet ainsi aux formateurs de créer leur présentation interactive en y intégrant différents types de questions (questions Oui/Non, QCM, etc.). A chaque question posée et apparaissant sur l'écran visible par le groupe, chaque participant s'exprime au moyen de son boîtier, le formateur pouvant ensuite afficher de façon graphique les réponses du groupe et animer sa formation en conséquence. Un tel système n'est pas réservé à un usage de formation, et constitue également un outil précieux pour l'animation de réunions.

3.2. Les avantages du multimédia pour la formation

3.2.1. Permettre une formation plus efficace

Les fondements même du multimédia en font une technique particulièrement bien adaptée à la formation et d'une grande efficacité pédagogique :

Complémentarité des médias

D'après certaines études (Les nouvelles technologies éducatives et de formation multimédia- CFCE 1994), une personne se souvient de :

- 10% de ce qu'elle lit
- 20% de ce qu'elle entend
- 30% de ce qu'elle voit
- 50% de ce qu'elle voit et entend
- 80% de ce qu'elle dit
- 90% de ce qu'elle dit et fait en même temps

Ces chiffres sont particulièrement significatifs pour comprendre la complémentarité des différents médias dans le processus de formation. Dans la réalité, les résultats ne sont certainement pas aussi arithmétiques, et il faut en particulier tenir compte des différentes sensibilités des apprenants. Dans une même formation, y compris avec un public homogène au point de vue niveau et expérience, certains participants seront plutôt « auditifs », d'autres plutôt « visuels ». Le multimédia faisant appel aux différents sens et donc aux différentes sensibilités des apprenants, a toutes les chances d'avoir une meilleure efficacité, ou un meilleur rendement en termes de mémorisation et d'assimilation, que l'utilisation d'un seul média.

Graphisme et animations

Les applications pédagogiques multimédias utilisent souvent avec profit les fonctionnalités de graphismes et d'animations offertes par l'ordinateur, pour montrer « l'invisible ». C'est le cas par exemple, dans des didacticiels de simulation, mettant en évidence des transformations chimiques, la circulation de courant électrique, ou encore le fonctionnement d'un moteur. Mais c'est le cas également dans des domaines moins techniques, pour tout ce qui concerne par exemple la modélisation de processus économiques.

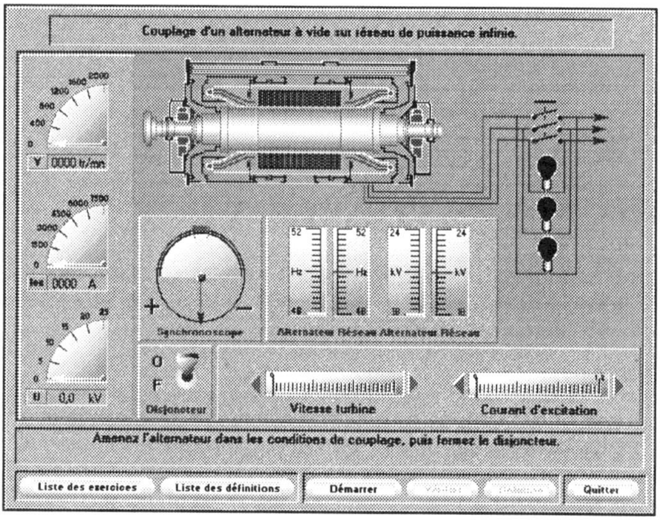

Figure 3.3. *Didacticiel multimédia « Métiers de l'énergie », réalisé et édité par Corys*

Interactivité

L'interactivité fait du multimédia un outil unique permettant un apprentissage réellement actif. On cite souvent, pour parler de l'EAO et du multimédia, le célèbre proverbe chinois :

« J'entends et j'oublie ; je vois et je me souviens ; je fais et je comprends ».

Il est difficile de savoir si ce proverbe appartient réellement à la tradition chinoise ou s'il a été imaginé par un des pionniers de l'EAO pour condenser tout ce qui peut être dit sur l'interactivité ! Un des mérites importants de l'interactivité est de permettre à l'apprenant, dans des séquences tutorielles ou dans des exercices, d'avoir un feed-back instantané, plutôt qu'une correction décalée dans le temps comme c'est le cas avec les moyens traditionnels. Toute erreur de l'apprenant est ainsi immédiatement corrigée, donnant une plus grande efficacité dans la progression. L'efficacité de l'interactivité a d'ailleurs été mesurée par Dieudonné Leclercq, de l'université de Liège. Ce spécialiste de l'évaluation en formation a précisément mesuré, par comparaison entre plusieurs groupes, que pour un même contenu de formation, l'utilisation de l'interactivité rendait l'apprentissage plus performant. On constate ainsi qu'avec un outil interactif, l'assimilation et la compréhension par l'apprenant sont nettement améliorées par rapport à l'utilisation de moyens non interactifs.

Imprédictibilité

Le déroulement d'un module pédagogique multimédia peut être totalement imprédictible pour l'apprenant, grâce aux possibilités combinatoires de l'ordinateur.

Un module multimédia, qui a fait l'objet d'une conception pédagogique soignée, a ainsi la faculté de prendre en compte les réponses et les choix de l'apprenant pour l'orienter, mais aussi d'utiliser des tirages aléatoires pour faire varier les parcours et les présentations. Ce caractère imprédictible du déroulement ne peut que rendre le produit plus attrayant, et contribuer à un meilleur soutient de l'attention et à une meilleure perceptibilité de l'apprenant aux stimuli qui lui sont envoyés.

A titre d'exemple, citons le produit « Le trésor du capitaine Magerline », de France Telecom, dans lequel la découverte de la pédagogie par objectifs est rendue plus attrayante grâce à un jeu de « chasse au trésor », dont le déroulement est totalement imprédictible grâce à l'utilisation importante d'événements aléatoires.

Figure 3.4. *« Le trésor du capitaine Magerline », découverte ludique de la pédagogie par objectifs. Réalisé par France Telecom et Apigraph*

C'est également la puissance combinatoire de l'ordinateur qui offre, dans les didacticiels multimédias, des possibilités que n'offre aucun autre outil, par exemple, pour la simulation, pour l'entraînement et l'acquisition de réflexes, etc.

Individualisation

Le multimédia pédagogique offre de multiples possibilités d'individualisation de la formation. Les présentations faites à l'apprenant et les parcours, peuvent être personnalisés, en fonction de son niveau, de sa progression, etc. Outre le fait qu'il est réellement actif, l'utilisateur d'un module multimédia bien conçu dispose d'un véritable droit à l'erreur, aux essais, aux expériences. Le module multimédia s'adapte ainsi au rythme de progression de l'apprenant, en répétant si nécessaire, ou au contraire en survolant si l'apprenant n'a pas besoin d'approfondir.

Une grande variété de situations et d'approches pédagogiques

La puissance du multimédia en formation est également due au fait qu'il est possible d'adapter sous forme multimédia des stratégies et des pratiques pédagogiques qui ont fait leurs preuves sur le terrain. Des formateurs spécialistes d'un domaine participent toujours à la conception pédagogique des produits de formation multimédias. C'est alors tout l'art du concepteur multimédia de transformer ces stratégies pédagogiques solides et éprouvées en exploitant au mieux les spécificités du multimédia interactif, afin d'en démultiplier l'efficacité et d'obtenir un outil pédagogique nouveau, plus efficace.

Pour concevoir une formation performante et efficace, une méthode consiste à découper celle-ci en une succession de « situations pédagogiques ». On fait référence ici au terme situation pédagogique pour désigner le fait d'installer l'apprenant dans une situation bien précise et bien déterminée, correspondant à un objectif élémentaire fixé par le formateur. Parmi les situations pédagogiques souvent évoquées, le multimédia est particulièrement efficace dans les situations suivantes :

- Stimulation et motivation de l'apprenant,
- Acquisition de connaissances,
- Renforcement,
- Evaluation et contrôles,
- Mise en œuvre de méthodes, résolution de problèmes,
- Synthèses,
- Exercices,
- Entraînement (exercices répétitifs pour acquisition d'automatismes).

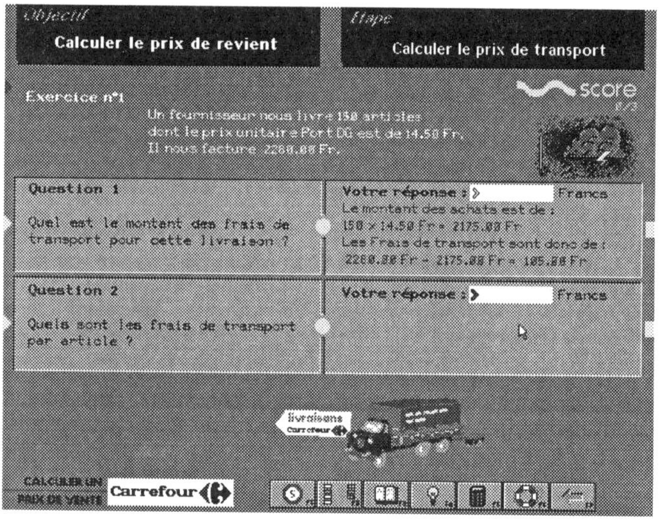

Figure 3.5. *Didacticiel d'exercices et d'entraînement : « Calcul d'un prix de vente », réalisé pour Carrefour par la société Apigraph*

Ces différentes situations pédagogiques peuvent être associées à différentes approches pédagogiques, selon le concepteur du module multimédia :

– Approche « découverte » (ou par essai-erreur) ;

– Approche « tutorielle », consistant à établir un dialogue entre l'ordinateur et l'apprenant sous forme d'une succession de questions-réponses. Cette approche pédagogique est directement dérivée de l'enseignement programmé, et repose sur une approche très analytique et très didactique du contenu de la formation ;

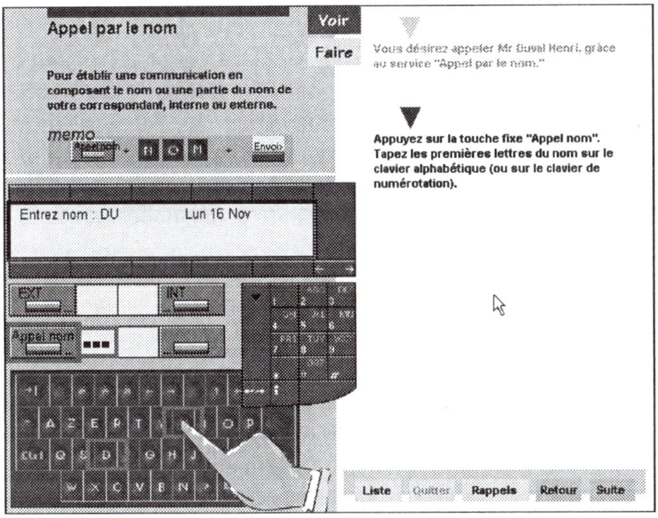

Figure 3.6. *Guide Interactif Alcatel 4200. Cocktail d'approches « découverte », « tutoriel » et « simulation ». Réalisé pour Alcatel Telecom par PM Consultants*

– Approche « simulation individualisée ». Il s'agit là de l'usage pédagogique dont l'efficacité est la plus évidente dans de nombreux domaines. La simulation s'applique en effet à tous les domaines, pour peu que l'on sache modéliser les connaissances à transmettre ;

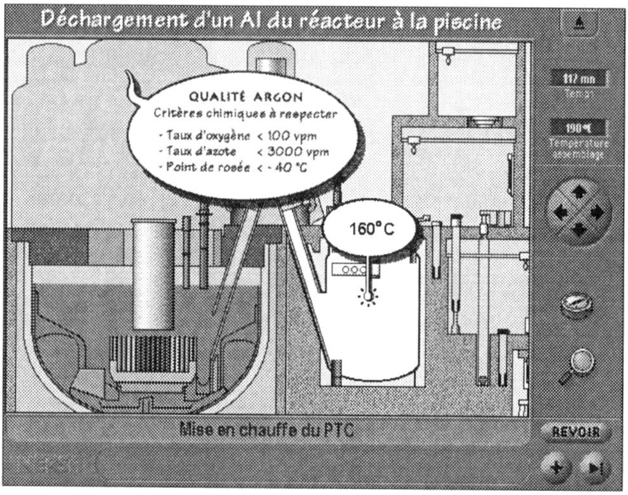

Figure 3.7. *Approche pédagogique « simulation ». didacticiel multimédia « Manutention du combustible nucléaire », réalisé pour Nersa-Centrale de Creys-Malville par la société ADDEO*

– Approche « Base de données » dans laquelle l'apprenant consulte, pose des questions, recherche des informations pour résoudre un problème ;

– Approche ludique : le recours au jeu en formation est souvent d'un apport appréciable, pour rendre les contenus moins arides et mettre les stagiaires dans des conditions de meilleure réceptivité.

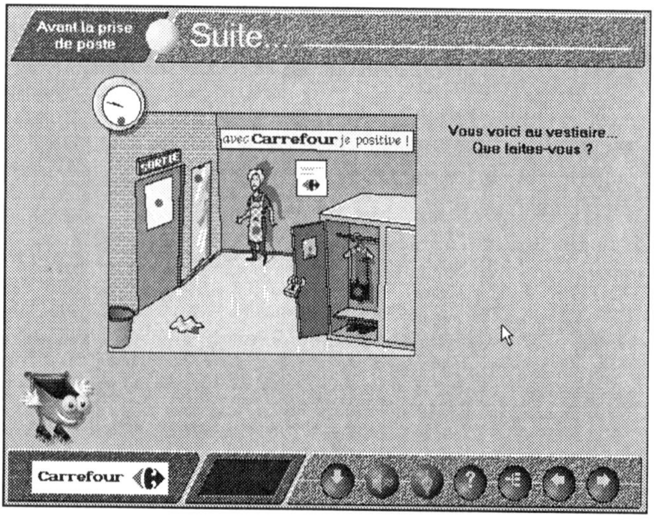

Figure 3.8. *Approche ludique et mise en situation : didacticiel « Le métier de caissière » réalisé pour Carrefour par Apigraph*

3.2.2. Optimiser la diffusion de la formation

Outre l'individualisation à l'intérieur d'un module, le multimédia permet de mettre en place des systèmes d'individualisation dans le déroulement de cursus de formation. C'est ainsi que chez Renault Véhicules Industriels, par exemple, le logiciel Forum permet aux formateurs de construire des cursus personnalisés pour chaque stagiaire. Avec Forum, le formateur choisit des didacticiels dans une bibliothèque, et en organise le déroulement à sa façon. Il peut ainsi construire des séquences personnalisées en rajoutant, avec un système auteur très simple, des exercices personnalisés entre les didacticiels. Un tel système permet donc une diffusion plus individualisée et mieux adaptée de la formation.

Le multimédia peut également, par l'individualisation, apporter des solutions aux problèmes d'hétérogénéité des groupes en formation. Les différences de niveaux, de cultures et de métiers entre les stagiaires peuvent être prises en compte dans un module multimédia. Si l'on conçoit par exemple un module d'initiation à la gestion, destiné à des artisans, on utilisera des exemples et des études de cas adaptés et différents pour un menuisier et pour un plâtrier.

Un autre point important relativement au multimédia utilisé partiellement en autoformation, est le concept de formation « juste à temps ». L'EAO a déjà été utilisé dans de nombreux cas pour permettre une formation au bon moment, par exemple pour de nouveaux embauchés dans l'entreprise, ou au moment de la mise en place de nouvelles procédures. Le recours à des modules multimédias en autoformation encadrée, constitue souvent une solution efficace lorsqu'on a besoin d'une diffusion massive de formation très courte. Lorsque La Poste met en place un nouveau réseau interne de transmission de données, reliant tous ses établissements, il s'agit de former très rapidement plusieurs milliers d'utilisateurs. Cette formation, relativement simple, d'une durée d'environ 2 heures, n'aurait pas pu être organisée en regroupant les participants, et seul un module multimédia diffusé sur chaque site a permis d'assurer cette formation.

Enfin, le multimédia offre un autre avantage, apprécié dans de nombreuses entreprises : il permet, en figeant le contenu d'une formation sur un CD-Rom, de normaliser et d'uniformiser les formations qui vont être démultipliées par des formateurs occasionnels ou des formateurs de terrain. Le CD-Rom constitue dans ce cas la référence fiable qui facilite énormément de travail de préparation de la formation par les formateurs de terrain, et qui renforce leur crédibilité.

3.2.3. Optimiser l'utilisation des budgets de formation

L'utilisation du multimédia en formation permet très souvent une réduction du temps de formation et donc une meilleure utilisation des budgets. Le stagiaire qui utilise un outil multimédia est réellement actif, ce qui permet une meilleure compréhension et une assimilation plus rapide. La formation sous forme interactive est en général très dense, sans temps mort. C'est également pour cette raison que l'on conseille de limiter les séances de travail en multimédia à une durée d'une heure ou une heure trente au maximum. On constate, dans la plupart des cas, qu'une heure de formation sous forme de multimédia interactif permet d'obtenir de meilleurs résultats qu'une séance de deux ou trois heures, dispensées avec des moyens conventionnels.

L'utilisation du multimédia interactif nécessite de la part de tous les acteurs de la formation une implication active dans le processus d'apprentissage. L'apprenant, mis en position d'activité, considère dans la grande majorité des cas le multimédia comme un outil attrayant. Cet attrait de l'outil permet une plus grande implication de l'apprenant, qui a le sentiment de « prendre en main » sa formation, et d'en être plus responsable. D'autre part, la majorité des formateurs qui utilisent des outils multimédias trouvent leur fonction valorisée par l'utilisation de ces outils (voir paragraphe 3.3. Evolution du rôle du formateur). Cette responsabilisation des acteurs de la formation ne peut qu'aller dans le sens d'une meilleure utilisation des budgets.

La réduction des coûts de formation est d'autre part évidente dans tous les cas de formation à risque, ou mettant en œuvre des installations complexes et coûteuses. C'est le cas dans de nombreux secteurs de l'industrie, des centrales nucléaires à la maintenance aéronautique, en passant par le génie chimique. Dans tous ces cas, le recours à la simulation multimédia est à la fois efficace sur le plan pédagogique et très économique.

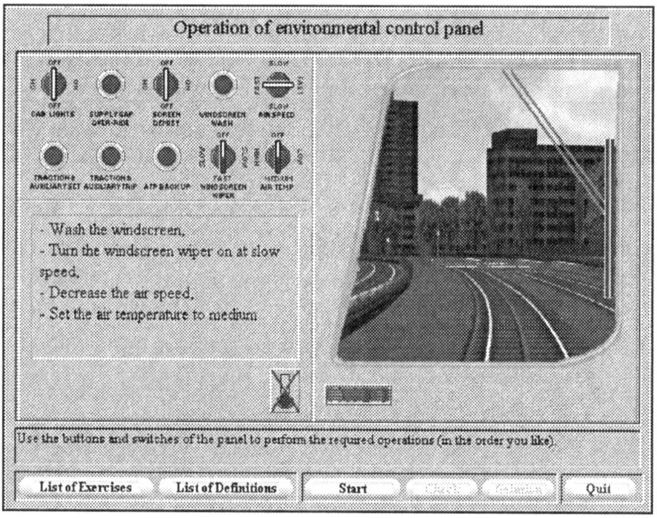

Figure 3.9. *Simulation industrielle : LUCAS, destiné à la formation des conducteurs et techniciens du métro de Londres. Réalisé pour London Underground Limited par Corys*

Le multimédia, nous l'avons dit, permet d'optimiser le travail des formateurs occasionnels, et confère à leurs formations plus d'efficacité et de crédibilité. L'utilisation des budgets est là encore optimisée.

Enfin, on constate souvent que le recours au multimédia induit des effets secondaires positifs, sans augmentation des budgets : c'est le cas par exemple lorsqu'un multimédia est utilisé pour la formation de certains personnels très éloignés de la technologie et de l'informatique. L'utilisation du multimédia en formation peut être, pour certaines personnes, la première occasion d'approcher un ordinateur, et l'on constate dans beaucoup de cas, un changement d'attitude vis-à-vis de l'informatique et de la technologie. De tels effets secondaires ne peuvent être que profitables à l'entreprise.

3.3. Evolution du rôle du formateur

Le multimédia ne peut en aucun cas remplacer intégralement le formateur. Il faut considérer au contraire le multimédia comme un allié du formateur, qui va lui permettre plus d'efficacité et de meilleurs résultats. L'intégration d'un module multimédia dans une formation entraîne donc nécessairement certains aménagements, et implique une remise en cause de la pratique du formateur. Cette remise en cause est parfois difficile pour certains formateurs, car elle nécessite un effort important de leur part. Le formateur qui réussit à intégrer un multimédia dans sa pratique, en tire de multiples avantages :

Le multimédia peut soulager le formateur de tâches peu intéressantes. C'est le cas par exemple de tous les recours au multimédia pour faire des exercices, parfois répétitifs, pour lesquels le formateur ne joue habituellement qu'un rôle peu gratifiant de correcteur. Le formateur est également soulagé des actions de mise à niveau d'une partie des stagiaires, qu'il a beaucoup de mal à organiser avec les outils conventionnels.

Le multimédia peut assister le formateur pour tout ce qui concerne l'évaluation des stagiaires, mais aussi pour tous les apprentissages pratiques, où la simulation et la mise en situation concrète sont efficaces. Déchargé de certaines tâches, et assisté efficacement par le multimédia, le formateur garde un rôle primordial vis-à-vis des apprenants : il peut se consacrer à des compléments d'information, faire du renforcement de ce qui a été vu dans le multimédia, apporter des synthèses, etc. Le formateur, qui jusque là était la source unique d'informations et de savoir, devient plutôt un médiateur entre l'apprenant et l'ordinateur, et peut enfin faire un véritable travail *d'animation.*

Il est à noter que les témoignages de formateurs qui utilisent des outils multimédias mentionnent souvent la valorisation de leur rôle et de leur fonction, grâce à l'utilisation de ces outils.

Le formateur qui utilise des produits multimédias fait en général preuve d'une démarche volontariste : il doit rechercher et connaître les nouveaux produits multimédias existants sur le marché. L'évolution du catalogue des éditeurs spécialisés est constante, et le formateur ou le responsable de formation doivent assurer une veille « techno-pédagogique ». Les produits multimédias susceptibles de correspondre aux besoins de la formation, doivent être évalués de manière très approfondie par le fomateur. Il doit connaître parfaitement les produits qu'il va utiliser, et préparer leur intégration dans le déroulement des stages.

Il serait souhaitable dans certains cas que les formateurs puissent adapter le contenu des modules multimédias qu'ils utilisent. Ceci est malheureusement rarement possible dans les produits actuels. Ils ont toutefois la possibilité de compléter les produits, en créant, au moyen de logiciels de PréAO simples, des séquences multimédias pouvant reprendre par exemple certaines images des produits qu'ils utilisent. Les formateurs ont aussi dans certains domaines, la possibilité de compléter les modules multimédias, lorsqu'il s'agit d'outils ouverts, de type « exerciseurs ».

3.4. Conditions de réussite du multimédia en formation

Pour être réussie, l'intégration du multimédia dans la formation impose de réunir certaines conditions :

Les acteurs en présence (formateurs professionnels, formateurs de terrain, responsables de formation) doivent bien connaître les possibilités et les limites de l'outil multimédia. Pour cela, il leur faut voir et analyser de nombreux produits afin d'acquérir une bonne vision de ce qui peut exister. Il est à noter que dans certains cas, le multimédia risque de faire l'objet de rejet de la part des formateurs, par manque de vision précise des apports pédagogiques du multimédia. Très souvent individualistes, les formateurs ont l'habitude d'organiser leur cours à leur façon, en le marquant de leur empreinte. Le recours à un module multimédia conçu et réalisé par d'autres personnes se fait parfois difficilement. Il est donc impératif, pour réussir l'intégration du multimédia, de former les formateurs à cet effet. Cette formation des formateurs est également fondamentale pour tous les formateurs qui, pratiquant dans des domaines éloignés des technologies, ne sont pas accoutumés à l'utilisation de l'informatique.

Les formateurs et responsables de formation doivent se donner les moyens de rechercher les produits multimédias existant sur le marché. Ils doivent nécessairement consacrer du temps à l'évaluation de ces produits, et à la préparation de leur intégration.

La qualité des didacticiels multimédias doit être irréprochable. Un didacticiel multimédia mal conçu risque, par exemple, d'être en inadéquation avec le public visé. On a pu constater, dans certains cas, que des didacticiels inadaptés au public étaient considérés comme infantilisants, et risquaient donc d'être rejetés par les apprenants. Le didacticiel multimédia doit également être en adéquation avec le besoin de formation, sous peine d'être considéré comme un gadget. Sur le plan de la conception, il est souhaitable que les didacticiels soient partitionnables en unités très courtes, avec la possibilité pour le formateur, d'accéder directement à chaque unité, en fonction du déroulement de sa formation. Un didacticiel conçu de cette façon laisse au formateur la maîtrise du déroulement, qu'il pourra même marquer de son empreinte par l'utilisation d'exerciseurs.

Réaménagement du dispositif de formation. Les formations intégrant des outils multimédias doivent être repensées et réaménagées. Souvent l'introduction du multimédia bouleverse le déroulement de la formation de façon significative. L'idéal à ce sujet, est bien entendu de prendre en compte l'intégration du multimédia au moment de la conception de la formation, voire de la conception du plan de formation. Notons à ce sujet qu'il est souhaitable de planifier l'utilisation du multimédia en séquences relativement courtes (maximum 1h à 1h 30), en alternance avec d'autres activités, et d'autres outils pédagogiques. Cette limitation de la durée des séquences multimédias est rendue nécessaire par la densité de la formation dispensée sous forme interactive.

Organisation matérielle. Pour réussir l'utilisation du multimédia dans la formation, il est bien entendu impératif de prendre en compte les aspects matériels en fonction du mode d'utilisation envisagé (individuel, binôme, mini-groupe). Les centres de formation disposent aujourd'hui, dans la plupart des cas, de salles multimédias, dotées du nombre de postes nécessaires.

Le recours au multimédia doit être un choix stratégique et doit être reconnu à tous les niveaux de l'entreprise. Il est nécessaire que toutes les parties prenantes de la formation soient convaincues de l'intérêt du multimédia, et ne le considèrent ni comme un gadget, ni comme un outil de luxe. En particulier, l'intégration du multimédia dans la formation doit tenir compte de la politique existante en matière de matériel informatique. La politique multimédia doit être bien entendu cohérente avec l'évolution du parc micro-informatique, afin de faciliter la diffusion des produits.

Etre conscient des limites du multimédia en formation. Le multimédia ne remplace pas le formateur, nous l'avons dit, mais doit plutôt être considéré comme un outil qui vient enrichir sa palette. Il est essentiel, pour réussir, de ne pas renouveler le mythe du « tout EAO » des années 80. L'autoformation « abandonnée » n'offre que de piètres résultats, toujours en dessous des attentes. L'autoformation doit être organisée, encadrée, guidée.

Il faut abandonner également l'illusion que le multimédia va permettre de résoudre tous les besoins de formation, alors que dans de nombreux cas, les apprenants ont besoin d'un contact humain, et le processus de formation met en jeu des aspects sociaux et affectifs très forts. Le multimédia a ses limites et ne permet pas d'aborder tous les modes d'apprentissage. A ce titre, la simulation, si elle permet la plupart du temps de gagner beaucoup de temps dans la formation et de réduire les budgets, doit nécessairement être complétée par une phase d'apprentissage en conditions réelles. Le multimédia est, dans la plupart des cas, un complément aux autres outils de formation, et les formateurs se rendront compte eux-mêmes qu'il convient de ne pas oublier les outils pédagogiques qui ont fait leurs preuves : livres, transparents, vidéo, affiches, exercices pratiques…

Chapitre 4

Les principes techniques du multimédia

Ce qui est simple est faux, ce qui est compliqué est inutile.

Paul Valéry

4.1. Rappel de quelques principes informatiques élémentaires

4.1.1. Le développement du multimédia est lié à la micro-informatique

Avant le développement de la micro-informatique ou pendant ses premiers balbutiements, des recherches importantes étaient menées sur la base matérielle de terminaux graphiques connectés à des mini-ordinateurs ou à des gros ordinateurs. En fait, les systèmes à base d'interface graphique (en premier lieu Xerox, puis Macintosh puis Windows) nécessitent une puissance de calcul importante et constamment disponible. De tels systèmes ne pouvaient se développer que sur micro-ordinateur ou sur station de travail, qui offrent localement cette disponibilité de ressources et de puissance.

Ce besoin de puissance est encore renforcé pour les applications multimédias. Il est inconcevable de faire tourner une application interactive sur un ordinateur central relié à des terminaux multimédias à cause de la puissance nécessaire pour la gestion des objets multimédias, et de l'impératif synchronisme des médias. Contrairement au délai de transmission et au temps d'attente qui peuvent être acceptables dans une application interactive de gestion, l'utilisation du son ne supporte pas de délai dans sa diffusion. Quant à la vidéo, la cadence d'affichage des images et la synchronisation avec le son ne supporte aucune distorsion dans le temps. Il y a donc un besoin impératif de puissance et de traitement synchrone.

Le multimédia interactif nécessite également que les actions effectuées par l'utilisateur soient synchrones avec les médias : si l'utilisateur clique sur un bouton, le son associé doit être produit instantanément, ce qui n'est pas possible avec une connexion à distance. Compte tenu des débits offerts actuellement sur les réseaux, et de la puissance possible des sites centraux, un multimédia réellement interactif est donc aujourd'hui nécessairement exploité en mode local.

C'est aussi pour ces raisons qu'Internet est un outil de diffusion, doté de fonctionnalités de navigation très puissantes, mais aux possibilités réduites sur le plan du multimédia interactif. Ceci doit également nous amener à être très circonspects sur l'émergence du futur terminal multimédia (Network Computer). Celui-ci nous proposera-t-il un multimédia pauvre et dégradé, assez proche de ce que peut faire le Minitel ? Sinon, il devra être doté de capacité de traitement et de mémorisation même temporaire. Mais dans ce cas n'est-ce pas tout simplement un ordinateur, avec un nouveau système d'exploitation remplaçant de Windows ?

4.1.2. La numérisation, pourquoi ?

L'utilisation de plusieurs médias dans la communication ou dans la formation, n'est pas une nouveauté. Depuis de nombreuses années, les sons, les images, les dessins ou les films ont été combinés pour mieux communiquer. Pendant longtemps, les différents médias étaient enregistrés et conservés sous forme analogique (magnétophone, diapositive, magnétoscope, etc.).

Le passage à la numérisation de tous les types d'information a été motivé par la volonté d'utiliser la puissance de traitement de l'ordinateur pour transformer et diffuser ces informations. Parce que l'ordinateur n'est capable de traiter que des informations binaires, on a mis au point des techniques pour numériser les textes, les dessins, puis le son et les photographies.

Pour bien comprendre le fonctionnement du multimédia, il faut d'abord bien distinguer la numérisation des informations (c'est-à-dire leur codage, leur stockage), et d'autre part le traitement que l'ordinateur va appliquer à ces informations. Le multimédia repose en effet sur ces deux piliers que sont le stockage d'informations numérisées d'une part, qui permet la conservation sur un même support de textes, sons et images, et la puissance de traitement de l'ordinateur d'autre part, qui permet l'interactivité, la navigation et la transformation des informations.

Il faut signaler à ce sujet que l'on rencontre souvent une confusion grave, y compris dans certains ouvrages de vulgarisation, qui consiste à parler d'interactivité à propos du CD-Rom. Il faut bien comprendre que le CD-Rom n'est qu'un support de stockage, doté certes de beaucoup d'avantages, mais qui n'a rien d'interactif.

Sur le plan des différentes sortes d'informations stockables sur CD-Rom, ce support ne peut pas non plus être qualifié de multimédia plus qu'un autre support, même s'il permet de conserver différents types d'informations avec le même codage de base. Une application multimédia peut tout à fait fonctionner sans CD-Rom, toutes les informations étant stockées sur disque dur. C'est le cas par exemple dans certaines bornes interactives.

Le pressage d'informations sur un CD-Rom n'est donc pas nécessairement un gage d'interactivité ni une garantie de bonne utilisation des différents médias. Le CD-Rom peut accueillir le meilleur comme le pire, chacun peut le constater de façon concrète.

4.1.3. La numérisation, comment ?

Le stockage d'informations sous forme numérique se déroule nécessairement en deux phases :

Quantification (ou échantillonnage)

Pour être traitée, utilisée, transformée ou comparée par l'ordinateur, toute information doit être d'abord quantifiée. L'ordinateur ne comprend pas l'à-peu-près, le flou, l'incertain ou l'intuitif. Chaque couleur doit donner lieu à une représentation numérique, et même la plus géniale œuvre d'art doit être ramenée à une codification sous forme de chiffres pour être utilisée par un ordinateur ou diffusée sur un réseau téléinformatique.

Numérisation (ou digitalisation ou rasterisation)

Après avoir été quantifiée, toute information doit être codifiée au niveau le plus proche de l'ordinateur par une suite de valeurs binaires (souvent appelées 0 et 1), seule représentation que l'ordinateur peut traiter. Tous les médias doivent ainsi nécessairement être convertis dans une même représentation interprétable par l'ordinateur. Le même codage interne basé sur une combinaison de valeurs binaires 0 et 1, sera utilisé pour un texte, une photographie ou une musique.

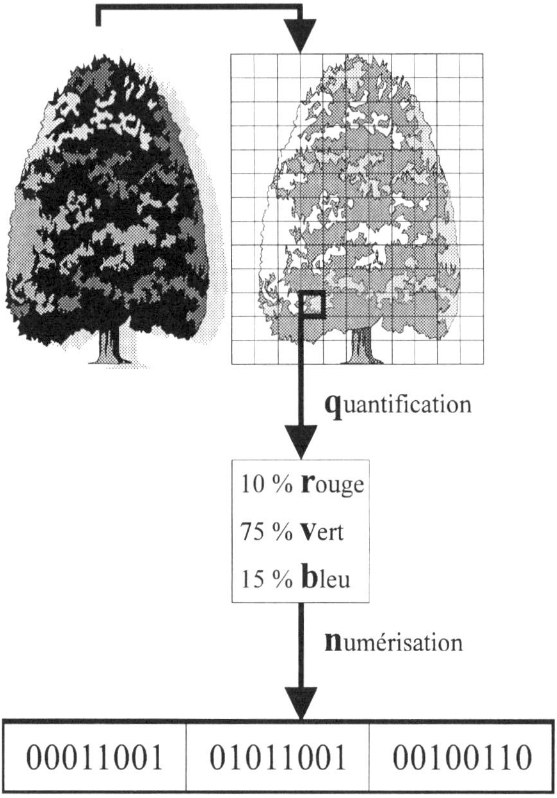

Figure 4.1. *Quantification et Numérisation d'une image*

4.1.4. Représentation binaire des informations

L'entité élémentaire de représentation d'informations est le bit (abréviation de *Binary Digit*, soit chiffre binaire), pouvant prendre à un instant donné soit la valeur 0 soit la valeur 1. Ainsi, la mémoire de l'ordinateur n'est qu'une suite de bits à 0 ou à 1. N'importe quel fichier est également constitué d'une suite de bits.

Figure 4.2. *Représentation binaire d'une information par une suite de bits*

Pour faciliter la manipulation des données, ces bits sont regroupés 8 par 8, chaque groupe de 8 bits étant appelé un octet.

Figure 4.3. *Représentation symbolique d'un octet*

Lorsqu'on veut quantifier la taille d'un fichier, d'une image numérisée, ou d'une mémoire, on utilise les termes de kilo-octet, de mega-octet et de giga-octet. En conséquence de la structure binaire de la représentation, un kilo-octet est en fait égal à 1024 octets ($2^{10} = 1024$), mais pour simplifier, on arrondit souvent le kilo-octet à 1000 octets, le mega-octet à 1 million d'octets et le giga-octet à 1000 mega-octets, soit 1 millions de kilo-octets.

- 1 ko = 1024 octets
- 1 Mo = 1000 ko = 1 million d'octets
- 1 Go = 1000 Mo = 1 milliard d'octets

Un octet composé de 8 bits permet de représenter 256 valeurs différentes (0 à 255).

Suite des valeurs d' un octet :

Valeur binaire	Valeur décimale
0000 0000	0
0000 0001	1
0000 0010	2
....	
1111 1111	255

Figure 4.4. *Valeurs d'un octet*

Si l'on veut représenter des caractères de texte, l'ensemble des caractères d'un alphabet occidental est largement inférieur à 256 et donc tous les caractères peuvent être représentés à l'aide des 256 valeurs possibles de l'octet. C'est d'ailleurs une des raisons pour laquelle les bits ont été regroupés 8 par 8 sur les premiers ordinateurs. Le texte est donc codé à raison d'un octet pour chaque caractère. Le code normalisé le plus souvent utilisé pour représenter des caractères est le code ASCII dans lequel chaque caractère alphanumérique est représenté par une valeur particulière de l'octet.

Caractère	Valeur binaire
A	0100 0001
B	0100 0010
C	0100 0011
......	

Figure 4.5. *Codage ASCII*

Le langage de base des ordinateurs, les instructions ou opérations élémentaires que l'ordinateur est capable d'effectuer sont elles-mêmes codées sous forme binaire. Il faut donc toujours avoir à l'esprit que l'ordinateur ne connaît pas la réalité mais en utilise une représentation. Il y a en fait une double réduction de la réalité, qui doit d'abord être quantifiée, puis représentée par un codage binaire (symboles 0 et 1 uniquement).

4.1.5. Avantages de la numérisation

Les principaux avantages de la numérisation par rapport au codage analogique des informations sont :

Uniformisation du codage quel que soit le support

Le même codage de base étant utilisé, une information peut être transférée depuis l'ordinateur sur une disquette, sur un CD-Rom ou à travers un réseau. Ceci procure une grande souplesse d'utilisation par rapport aux manipulations qui sont exigées avec les supports analogiques, différents pour chaque média : cassette ou bande magnétique pour l'enregistrement du son, cassettes différentes pour la vidéo sur magnétoscope, etc. L'uniformisation du codage numérique, quel que soit le support et le type d'information, facilite également les traitements.

Possibilités de transformation et de traitement de l'information, en utilisant la puissance de calcul de l'ordinateur

A partir du moment ou une image est numérisée, l'ordinateur saura lui appliquer sans difficulté toutes les transformations de zoom, déformation, changement de couleurs, etc., avec une rapidité inégalée (il n'est que de songer aux temps nécessaires pour transformer une photographie en laboratoire ou un son avec un magnétophone traditionnel).

Qualité constante sans dégradation de la copie

L'information sous forme numérique peut être copiée et dupliquée avec autant de générations que l'on veut sans aucune dégradation de la qualité, contrairement aux bandes magnétiques analogiques qui se dégradent progressivement de copie en copie.

Fiabilité du transport

Le codage numérique des informations permet facilement d'effectuer des contrôles (contrôle de parité, contrôle par checksum, CRC) lors des transmissions, et de s'assurer que l'information reçue est identique à 100 % à l'information envoyée. Là encore, on n'a aucune dégradation de la qualité, contrairement par exemple aux émissions de télévision diffusées sous forme analogique.

C'est bien parce que la numérisation présente tous ces avantages que les spécialistes de la vidéo et les chaînes de télévision s'y intéressent, indépendamment de toute fonctionnalité multimédia et du potentiel d'interactivité lié à l'ordinateur. Alors que le réalisateur multimédia voit dans la vidéo numérique un nouveau média venant enrichir la palette disponible pour les applications interactives, la vidéo numérique apparaît essentiellement pour le monde de la télévision comme étant un mode de transmission intéressant du point de vue de la qualité et du contrôle des transmissions.

4.1.6. Quelles différences entre multimédia « on-line » et « off-line » ?

Lorsque le multimédia est qualifié d'off-line, ou mode déconnecté, il s'agit d'un micro-ordinateur disposant dans ses propres ressources de toutes les informations nécessaires. Ces informations sont stockées soit sur disque dur, soit le plus souvent sur CD-Rom.

En multimédia on-line, ou mode connecté, l'ordinateur de l'utilisateur se connecte à distance, via un réseau, à un centre serveur qui est lui-même un ordinateur doté de supports de stockages de grande capacité, en l'occurrence disques durs, CD-Rom, juke-box. Bien que les supports de stockage du serveur aient une capacité plus importante que ceux du micro-ordinateur, la représentation des informations sur tous ces supports et le codage binaire utilisé sont absolument identiques. Le réseau n'assure donc, dans le cas de multimédia on-line, qu'un rôle de transmission de l'information, sans aucune transformation ni aucun enrichissement de celle-ci.

Du point de vue de la numérisation, les principes mis en œuvre sont identiques en mode off-line et en mode on-line. Tous les principes de base et les concepts qui vont être énoncés dans la suite de ce chapitre sont donc valables dans les 2 modes.

4.2. Architecture d'un ordinateur multimédia

4.2.1. Architecture des ordinateurs : quelques définitions élémentaires

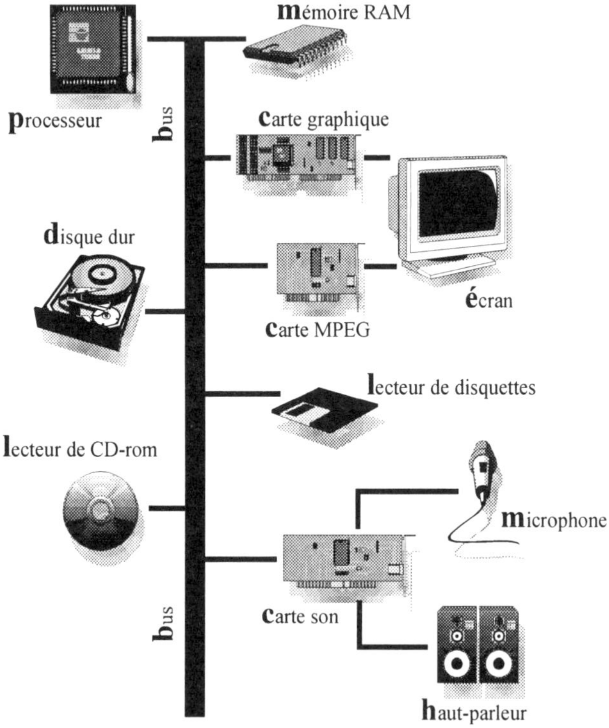

Figure 4.6. *Architecture simplifiée d'un ordinateur multimédia*

Le processeur

Le processeur (ou micro-processeur) est parfois appelé le cerveau ou le cœur de l'ordinateur. Ces deux termes sont abusifs car le processeur n'a rien d'intelligent ni de vivant et il faut leur préférer, si l'on veut faire une analogie, la comparaison avec le moteur d'une voiture. Toute analogie est toutefois délicate, par le fait que le processeur a un fonctionnement très spécifique, qui le rend vraiment peu comparable à autre chose. Le rôle du processeur est d'analyser les séquences d'instructions préparées à l'avance et qui constituent le programme (le logiciel) et d'effectuer l'une après l'autre ses instructions programmées. C'est donc lui qui est capable d'effectuer des calculs, décomposés en opérations arithmétiques élémentaires, mais aussi des comparaisons de valeurs, des transformations géométriques, etc. Différents modèles de processeurs sont utilisés, essentiellement construits par Intel sur les PC (série 386 puis 486 et aujourd'hui essentiellement Pentium) et Motorola pour les Macintosh (dérivés du Motorola 68000, PowerPC603, PowerPC601, PowerPC604). La principale valeur permettant d'évaluer la puissance du processeur est la cadence d'horloge, exprimée en mégahertz, qui indique la vitesse à laquelle le processeur est capable d'exécuter les instructions élémentaires qui lui sont soumises. Aujourd'hui les cadences moyennes des processeurs sont situées entre 100 et 200 MHz.

La mémoire centrale, ou mémoire vive, ou RAM (Random Access Memory)

C'est le lieu de stockage temporaire des informations utilisées par le processeur : les instructions constituant le programme sont stockées en RAM pour être exécutées. Les données intervenant dans les calculs, provenant de fichiers externes transitent obligatoirement par la RAM. Mais cette mémoire est volatile : dès que l'on éteint l'ordinateur, les informations s'effacent de la mémoire vive. Sa capacité varie aujourd'hui de 4 à 128 mega-octets (1 mega-octet correspondant environ à 1 million de caractères textuels). Plus la RAM est grande, et plus le processeur pourra avoir à sa disposition d'informations utiles sans aller les chercher sur un autre support, tel que le disque dur, qui est forcément d'un accès plus lent que la mémoire vive. Donc plus la mémoire est grande, et plus les logiciels fonctionnent rapidement.

La mémoire morte (ROM : Read Only Memory)

Comme son nom l'indique, cette mémoire est remplie à la fabrication de l'ordinateur et utilisable seulement en lecture. On y stocke les programmes nécessaires pour le fonctionnement de base du matériel, utilisés par exemple au moment du démarrage de l'ordinateur.

Les mémoires externes

Que ce soit un disque dur interne, un disque externe (fixe ou amovible), un CD-Rom, voire une bande magnétique, ces mémoires servent à stocker les informations sous forme de fichiers (appelés dans le vocabulaire bureautique des documents). Les grandeurs caractéristiques sont essentiellement :

– la capacité de stockage en mega-octets ou giga-octets (500 Mo, 1 Go, 2 Go) ;
– le temps d'accès, c'est-à-dire le temps moyen qui est nécessaire pour aller chercher une information (en moyenne 10 millisecondes pour un disque dur) ;
– le taux de transfert des informations (ou débit) vers le bus : de 5 Mo/seconde à 10 Mo/seconde pour un disque dur interne.

Bus

C'est en quelque sorte la canalisation qui relie tous les éléments entre eux : lorsque le processeur accède à la RAM pour effectuer une instruction, il utilise le bus. Lorsqu'une information est envoyée de la mémoire vive à l'écran, elle transite par le bus. Lorsqu'un fichier est lu sur le CD-Rom, les informations passent par le bus pour atteindre la mémoire vive. La caractéristique principale du bus est la vitesse à laquelle il est capable d'acheminer les informations. Pour accélérer ces transferts, il existe des bus 16 bits (qui transfèrent 16 bits en parallèle) et des bus 32 bits (qui transfèrent 32 bits en parallèle) et qui ont donc une vitesse au moins deux fois plus rapide.

Lecteur de CD-Rom

C'est le support incontournable du multimédia, mais soulignons une fois de plus que le CD-Rom ne constitue qu'un support au même titre qu'une disquette ou un disque dur, et qu'il ne dispose d'aucune fonction particulière liée aux médias et à l'interactivité. Le CD-Rom réunit les avantages de la capacité des disques durs (650 Mo) et la facilité d'emploi et de diffusion de la disquette. C'est sa grande capacité, associée à son aspect compact, qui ont permis au CD-Rom d'obtenir le succès que l'on connaît aujourd'hui. Un des points forts du CD-Rom est d'autre part le fait que sa structure physique et son organisation logique sont standardisées et ont fait l'objet d'accords entre les plus grands constructeurs (voir § 4.3.2. Des livres de toutes les couleurs).

Le CD-Rom présente d'autres avantages, en particulier la fiabilité puisqu'il est lu au moyen d'un faisceau laser, sans qu'il n'y ait de contact entre le lecteur et le disque, et donc avec un minimum de risque de dégradation et d'usure. La durée de conservation des informations sur CD-Rom est relativement longue (30 à 100 ans), et le CD-Rom constitue un support de stockage d'un coût très faible, puisque le coût du mega-octet est environ 50 fois moins cher que le coût du mega-octet sur disquette.

Mais le CD-Rom présente deux inconvénients : il s'agit d'un support non réinscriptible utilisable en lecture seule, et donc sans possibilité de mise à jour des informations. D'autre part les temps d'accès des lecteurs de CD-Rom sont relativement longs ; temps d'accès moyen : 150 à 300 millisecondes, taux de transfert des informations (ou débit) vers le bus : 150 ko/seconde pour un lecteur simple vitesse, jusqu'à 1,8 Mo/seconde pour un lecteur vitesse x 12. Le lecteur de CD-Rom est donc de 5 à 30 fois plus lent qu'un disque dur !!!

Cartes son

Il s'agit d'une extension multimédia sur les micro-ordinateurs PC, et d'un équipement standard sur les Macintosh. La carte son est bien entendu essentielle pour toute application multimédia. Plusieurs types de cartes existent avec différentes possibilités techniques. Il est nécessaire d'avoir au moins une carte 16 bits pour restituer les sons de meilleure qualité.

Cartes graphiques

Dans l'ordinateur multimédia, la carte graphique est chargée d'afficher les images à l'écran. Elle est parfois appelée carte vidéo mais nous préférerons le terme carte graphique pour qu'il éviter l'ambiguïté et la confusion possible avec les cartes de décompression vidéo. Une caractéristique importante de la carte graphique est la capacité de la mémoire qui y est intégrée : au minimum 1 Mo pour un ordinateur multimédia. Plus la mémoire intégrée est grande, plus il sera possible d'afficher une image en haute définition et avec un grand nombre de couleurs (voir § 4.4. Numérisation des informations). D'autres caractéristiques de la carte graphique sont constituées par les fonctionnalités d'accélération graphiques intégrées à la carte. Il s'agit là d'opération de transformations d'images qui sont effectuées par un processeur spécialisé intégré à la carte graphique et donc qui ne mobilisent pas la puissance du processeur de l'ordinateur (un peu comme si la voiture avait un deuxième moteur).

Cartes de décompression vidéo

Il s'agit de cartes spécialisées, chargées de décompresser la vidéo numérique, le format de compression le plus souvent utilisé étant le format MPEG (voir § 4.5.5. Compression vidéo).

Cartes d'acquisition vidéo

Ce type de carte permet, en y raccordant un magnétoscope ou un camescope, de numériser un film et de le stocker sur le disque dur de l'ordinateur. Il convient de souligner toutefois que ce type de carte, relativement accessible au niveau grand public, permet de procéder à des créations multimédias « de loisir », mais ne présente pas toujours les critères de qualité suffisants pour participer à une réalisation multimédia professionnelle. En matière de réalisation multimédia professionnelle, on aura souvent intérêt à confier la numérisation et la compression de la vidéo à une société spécialisée, équipée de matériels de haute qualité.

4.2.2. Caractéristiques matérielles nécessaires pour le multimédia

La particularité essentielle des applications multimédias réside dans le fait de manipuler des informations numériques très volumineuses et qui doivent être manipulées très vite. Le zoom d'une image à la demande de l'utilisateur doit se faire instantanément, et le son d'une séquence vidéo doit être synchrone avec les images. Pour qu'un ordinateur soit adapté au multimédia, il faut donc vérifier les éléments qui peuvent constituer des goulots d'étranglement :

– La vitesse du processeur ;

– La taille de la mémoire vive pour stocker suffisamment d'informations en même temps ;

– La vitesse du bus qui relie tous les éléments. A noter que les anciens bus sur PC de type ISA sont trop limités (transferts à 500 ko/seconde) pour un fonctionnement en multimédia. Les nouveaux types de bus VLB (*VESA Local Bus*), VESA (*Vidéo Electronics Standard Association*) permettent des transferts à un débit plus élevé et sont plus adaptés aux applications multimédias. Le bus PCI (*Peripheral*

Component Interconnect) créé par INTEL, est appelé à remplacer progressivement les autres types de bus en permettant un transfert sur 32 bits qui peut aller jusqu'à 40 Mo/seconde (ce taux de transfert va certainement encore s'améliorer progressivement) ;

– Le taux de transfert du lecteur de CD-Rom - rappelons qu'il est souvent plus de 10 fois plus lent que le disque dur - impose parfois que les séquences vidéo soient stockées sur disque dur pour être affichées à un rythme acceptable.

Lorsqu'on parle de configuration multimédia, pour une utilisation en entreprise, il faut distinguer deux types de configurations :

Configuration de diffusion (ou consultation). C'est la configuration offerte à l'utilisateur pour consulter un CD-Rom, une borne interactive ou se connecter à une base de données multimédias. La configuration minimale est aujourd'hui la suivante :

– Processeur Pentium 75 MHz minimum,
– RAM 8 Mo voire 16 Mo,
– Disque dur 500 Mo minimum,
– Lecteur de CD-Rom quadruple vitesse.

Configuration de développement multimédia. Elle est nécessairement plus puissante pour faire face aux besoins des logiciels de création et aux besoins de stockage d'informations volumineuses tout au long du projet :

– Processeur Pentium 166 MHz ou 200 MHz,
– RAM 32 Mo,
– Disque dur 2 Go ou plus s'il faut traiter des séquences vidéo numérisées (disque de type AV de préférence),
– lecteur de CD-Rom identique à la configuration de diffusion,
– Dispositif de sauvegarde sur cartouches ou sur disque dur externe amovible,
– Ecran de 17" ou 21",
– Scanner pour les postes de création graphique.

4.2.3. Normes MPC (Multimédia Personnal Computer)

Ces normes ont été constituées à partir de 1991 à l'initiative de Microsoft pour faciliter la diffusion de produits multimédias sur CD-Rom. Leur intérêt a été essentiellement de fixer des points de repère pour la diffusion des logiciels et des titres multimédias. Les normes MPC ont été constituées en trois étapes :

MPC1 (1991)

Configuration obsolète aujourd'hui mais intéressante pour évaluer l'évolution qui a eu lieu sur 5 ans. Caractéristiques principales :

– Processeur 10 MHz min avec RAM 2 Mo,
– Carte VGA 640 x 480/16 couleurs,
– Disque dur 30 Mo minimum,
– Lecteur de disquette 3,5” de 1,44 Mo,
– Souris à 2 boutons,
– Carte son,
– Lecteur de CD-Rom avec taux de transfert de 150 ko/sec.

MPC2 (1993)

Caractéristiques principales :

– Processeur 16 MHz min avec RAM 2 Mo,
– Carte VGA 640 x 480/256 couleurs ou 800 x 600/16 couleurs,
– Disque dur 30 Mo minimum,
– Lecteur de disquette 3,5” de 1,44 Mo,
– Souris à 2 boutons,
– Carte son,
– Lecteur de CD-Rom avec taux de transfert de 300 ko/sec.

MPC3 (1995)

Caractéristiques principales :

– Processeur Pentium 75 MHz min avec RAM 8 Mo,
– Carte de décompression MPEG ou processeur à 100 MHz avec logiciel de décompression MPEG,
– Carte graphique 640 x 480/32000 couleurs,
– Disque dur 500 Mo minimum -temps d'accès inférieur à 20,2 ms,
– Lecteur de CD-Rom avec taux de transfert de 550 ko/sec (quadruple vitesse) et temps moyen d'accès inférieur à 250 ms.

4.3. Les différents supports d'information pour le multimédia

4.3.1. Supports magnétiques et supports à lecture optique

Pour stocker les différents types d'informations utilisables dans une application multimédia, plusieurs supports sont utilisables. On distingue habituellement les supports magnétiques des supports à lecture optique. Sur ces différents types de supports, les informations sont codées soit de façon analogique, soit de façon numérique. Il est à noter que ces deux codages ne sont pas chacun associé à un type de support : un support magnétique peut accueillir soit des informations codées en analogique, soit des informations codées en numérique.

Supports magnétiques

Le principe de fonctionnement de ces supports utilise l'aimantation de particules d'oxydes métalliques disposées sur un support qui est magnétiquement neutre. L'aimantation des particules peut être modifiée par une tête d'écriture, et leur niveau d'aimantation mesurée (c'est-à-dire lue) par une tête de lecture. Les supports magnétiques prennent la forme de disque, de bande ou de cartouche. Ils peuvent être utilisés pour mémoriser des informations sous forme analogique, et dans ce cas le niveau d'aimantation des particules varie sur une échelle continue de valeurs. C'est le cas des bandes vidéo VHS par exemple. Ils peuvent accueillir d'autre part des informations sous forme numérique, et dans ce cas le niveau d'aimantation est binaire : aimanté ou non aimanté. C'est le cas des disques durs informatique, ou des bandes DAT.

Avantages : ces supports sont réinscriptibles autant de fois que l'on veut, puisqu'il suffit de démagnétiser ou remagnétiser les particules. Ils sont d'autre part caractérisés, en ce qui concerne les disques magnétiques, par une grande rapidité d'accès.

Supports à lecture optique pour informations en codage analogique

Il s'agit des vidéodisques (format Laservision ou Laserdisc). Ce type de disque a été développé à l'origine par Philips et est nécessairement pressé en usine, donc non réinscriptible. Un tel disque contient 30 minutes ou 1 heure de vidéo sonorisée de très bonne qualité, ou l'équivalent en images fixes soit 54 000 ou 108 000 images. Avant l'apparition des disques compacts, le vidéodisque a été utilisé avec succès dans des applications multimédias, et en particulier dans le domaine de l'enseignement assisté par ordinateur.

Supports magnétos-optiques

Le principe de fonctionnement est basé sur l'aimantation de particules d'oxydes métalliques disposées sur la surface d'un disque, mais chaque particule ne pouvant prendre que 2 valeurs (codage binaire). Les particules sont lues (leur valeur est mesurée) par un rayon laser (lecture optique). Utilisables uniquement pour des informations codées sous forme numérique, et donc connectés à un ordinateur, ce sont essentiellement des dispositifs de stockage, car leur temps d'accès est relativement lent.

Avantages : les disques magnétos-optiques sont réinscriptibles et ont une durée de conservation longue. Inconvénients : temps d'accès trop lent pour une application interactive (de 30 à 40 ms).

Disques optiques compacts

Tous les disques optiques compacts utilisent la technologie du marquage en « relief » de minuscules cuvettes sur la surface d'un disque, chaque cuvette pouvant être en « creux » (pit) ou « plane » (land). Les microcuvettes sont lues (leur hauteur est détectée) par un rayon laser (lecture optique). Les disques compacts ont été, à leur origine, considérés surtout comme support d'archivage, à cause de leur temps d'accès relativement lent. Les disques compacts (en abrégé CD), prennent différentes appellations du CD-Audio au CD-Rom, en passant par le CD-I. Certains sont pressés en usine, tandis que d'autres sont inscriptibles par l'utilisateur (Worm). Mais tous les CD sont non réinscriptibles.

Avantages : le CD est connu pour être un support compact, léger, facile à manipuler et de durée de conservation longue. Inconvénients : son temps d'accès est relativement lent (30 à 40 ms).

Support	Codage analogique	Codage numérique
Supports magnétiques	Bandes vidéo VHS	Bandes DAT, disques durs informatiques
Support optique	Vidéodisque	/
Magnéto optique	/	Disques durs
Disques optiques compacts	/	CD-Audio, CD-Rom, etc.

Lecture optique

Figure 4.7. *Différents types de supports*

4.3.2. Des livres de toutes les couleurs...

Nous allons nous intéresser de plus près aux différents types de disques optiques compacts (CD), qui sont aujourd'hui les supports privilégiés du domaine du multimédia. Chaque type de CD a fait l'objet d'une normalisation (ou plutôt d'entente) de la part des principaux constructeurs, et en particulier de la part de Philips et de Sony. Chacune de ces « normes » a été consignée dans un document, ou livre, portant comme intitulé une couleur particulière. Ces livres de couleur définissent de façon précise, pour chaque type de support les modalités d'enregistrement et d'organisation des informations sur le support : structure physique des fichiers, organisation des répertoires, etc.

Rouge. Red Book ou Livre Rouge (à cause de la couleur du rayon laser utilisé pour la lecture optique). Le Livre Rouge normalise le CD-DA (ou CD-Audio), initialement proposé par Philips et Sony et commercialisé à partir de 1982, avec le succès que l'on connaît aujourd'hui. Le Livre Rouge sert de base de référence pour tous les livres qui ont suivi, et donc pour tous les autres types de disques compacts.

Jaune. Dans le Yellow Book, ou Livre Jaune, Philips et Sony définissent en 1984 la norme du CD-Rom.

Vert. Green Book, ou Livre Vert, rédigé toujours par Philips et Sony, définit le standard du CD-I en 1987.

Orange. Orange Book, ou Livre Orange, définit les spécifications des disques réinscriptibles CD-R (1990).

Blanc. White Book ou Livre Blanc, définit le standard des compacts disques vidéo (CD-V), concurrents des cassettes vidéo.

Bleu. Blue Book, ou Livre Bleu, est le plus récent, et normalise une nouvelle forme de CD appelée Enhance-CD et commercialisée dans le grand public sous l'appellation CD-Extra.

4.3.3. Supports utilisables pour le multimédia

Les applications multimédias peuvent être stockées sur disque dur à condition de disposer de capacité suffisante. En ce qui concerne la diffusion des produits multimédias, en mode off-line, les disques optiques compacts constituent le support privilégié, de par leur capacité et leurs aspects pratiques. Tous les disques optiques compacts ont en commun la technologie de base pour l'écriture de bas niveau et la lecture des informations. Le fait que les différents types de CD utilisent la même technologie de base permet d'ailleurs d'avoir des compatibilités partielles entre les différents dispositifs de lecture. Tous les CD ont en commun leur caractéristique physique : diamètre de 12 cm (avec une exception pour les CD-Audio simple face qui ont un diamètre de 8 cm). Cependant chaque type de CD possède des caractéristiques propres qui lui confèrent des possibilités et un mode d'utilisation différent dans les applications multimédia.

4.3.4. Le CD-DA (CD-Audio)

Le CD-DA est conçu pour contenir des sons codés en numérique en qualité maximale : 44,1 kHz sur 16 bits (voir paragraphe sur la numérisation du son). Les sons sont répartis en plages (fichiers), et on peut avoir jusqu'à 99 plages de son, d'une durée minimale de 4 secondes.

Capacité maximale : 74 minutes de son en stéréo (la légende dit que le format du CD-DA a été déterminé de façon à pouvoir accueillir la 9e symphonie de Beethoven !), ou le double en mono (148 minutes), soit environ 780 MégaOctets.

Débit (d'après la norme) : 172 ko/s.

Utilisation : sur le plan de l'utilisation en multimédia interactif, il ne faut pas négliger l'utilisation du CD-DA, même si elle est marginale : pour une application nécessitant essentiellement l'usage de séquences sonores (par exemple séquences d'explications et de commentaires en EAO dans le domaine des langues), on peut concevoir une application interactive stockée sur le disque dur de l'ordinateur, contenant le « scénario » et utilisant comme média principal les fichiers sons (jusqu'à 99 fichiers) d'un CD-Audio préenregistré.

4.3.5. Le CD-Rom (en français Cédérom)

Support privilégié du multimédia off-line, le CD-Rom a connu un essor important ces dernières années, pour l'édition de titres multimédia grand public. Le CD-Rom est conçu pour contenir des données informatiques stockées sous forme de fichiers de différents types, le codage de base étant le même pour tous les types de fichiers.

Capacité : 650 Mo, (soit environ 450 disquettes).

Taux de transfert : 150 ko/s pour les lecteurs simple vitesse, jusqu'à 1,8 Mo/s pour les lecteurs vitesse x 12.

Capacité totale du CD-Rom = 650 Mo, soit :
400 000 pages de texte
1 heure de son en qualité Hifi
4 heures de son en qualité FM
16 heures de son en basse qualité
2 116 images non compressées en 640 x 480/256 couleurs
Plus de 20 000 images 640 x 480/256 couleurs compressées en JPEG
276 images non compressées en 768 x 1024 en millions de couleurs
1 heure de vidéo compressée en MPEG

Figure 4.8. *Volumes d'information sur un CD-Rom*

Organisation logique : si tous les CD-Rom ont la même structure physique et utilisent le même codage de base des informations, l'organisation logique, c'est-à-dire la façon des les fichiers sont organisés et répertoriés, peut être différente suivant la plate-forme matérielle sur laquelle le CD-Rom va être lu. Les organisations logiques sont les suivantes :

Organisation selon la norme ISO 9660

Encore appelée High Sierra, du nom de l'hôtel ou s'étaient réunis en 1986 les experts et représentants des grandes compagnies chargés de compléter le Yellow Book. Il s'agit d'une organisation hiérarchique des fichiers classés en répertoires et sous-répertoires (comme la plupart des systèmes de gestion de fichiers sur disque dur), mais avec tentative d'optimisation des temps d'accès propres au CD-Rom. Un CD-Rom organisé selon la norme 9660 peut être lu sur différentes plates-formes matérielles (en particulier PC et Macintosh)

Organisation HFS (Hierarchical File System)

C'est aussi une organisation hiérarchique, mais propre au Macintosh. Ce sera donc le format préféré si on conçoit un CD-Rom destiné à être lu uniquement sur Macintosh.

Organisation « Hybride »

C'est un mélange des deux organisations précédentes, certains fichiers étant organisés en ISO 9660 et d'autres en HFS. C'est le cas des CD-Rom édités pour fonctionner indifféremment sur Macintosh ou PC.

Attention : le fait qu'un CD-Rom soit organisé en mode Hybride ne signifie pas bien entendu qu'il permet une compatibilité des applications entre Macintosh et PC. Le CD-Rom Hybride doit contenir l'application Macintosh et l'application PC pour être utilisable dans les deux environnements.

Utilisation : le CD-Rom est le support le plus utilisé dans les applications multimédia. Son aptitude à héberger des fichiers de différents types (texte, son, image, etc.) et son organisation bien adaptée au traitement par un ordinateur, en font un support très facilement utilisable par les applications. Il est à noter que le codage interne des fichiers est identique sur CD-Rom et sur disque dur. Une application utilisant des fichiers sur disque dur peut donc tout à fait fonctionner sur CD-Rom. La seule restriction concerne le temps d'accès et le taux de transfert du CD-Rom, qui sont incomparablement plus lents que ceux du disque dur, et qui nécessitent de prendre les précautions nécessaires au moment du développement de l'application, et en particulier au niveau de l'organisation des fichiers.

4.3.6. Le CD-I (CD Interactif)

Le nom donné à ce support constitue un abus de langage caractérisé, car rien n'est interactif quant au support, qu'il soit CD-I, CD-Rom ou autre, seule l'application exécutée par l'ordinateur peut apporter l'interactivité. D'autre part, sur le plan de l'interactivité, le CD-I n'apporte aucune fonctionnalité supplémentaire par rapport aux autres types de CD. Le support CD-I ressemble fortement au CD-Rom (il est défini par le Green Book dérivé du Yellow Book), mais est associé à une approche marketing totalement différente : le CD-I a été positionné par Philips en tant que produit grand public (produit brun). Sur le plan matériel, Philips a construit des lecteurs autonomes de CD-I, raccordables à un téléviseur et pilotables le plus souvent par une télécommande, ces matériels n'étant pas compatibles avec les PC. La capacité du CD-I est de 650 Mo, il peut donc stocker la même quantité et le même type d'informations que le CD-Rom.

Du point de vue de l'organisation des données, le CD-I offre une particularité : il y a entrelacement des fichiers de données et des fichiers audio, ce qui permet une diffusion plus « fluide » des informations, mais à condition de parcourir le disque de façon relativement séquentielle, ce qui n'est pas réellement le cas dans une application interactive.

Il est à noter que Philips a très tôt intégré au lecteur de CD-I une carte de décompression vidéo MPEG (carte FMV : *Full Motion Vidéo*). Ceci a doté le lecteur de CD-I d'une fonctionnalité d'affichage de séquences vidéo de bonne qualité, et a pu faire penser que le CD-I était bien adapté à la vidéo. En fait, la même fonctionnalité est mise en œuvre sur un PC doté d'une carte de décompression MPEG, les séquences vidéo étant stockées sur CD-Rom. Sur le plan des utilisations professionnelles, quelques entreprises ont été séduites par le faible coût de diffusion du CD-I : lecteur de CD-I accessible à un coût de 2 à 3 000 F et raccordable à tout téléviseur. Toutefois le CD-I n'a pas donné lieu à un très grand nombre d'applications en entreprise. Le CD-I, promu et commercialisé uniquement par Philips, pose le problème, pour des applications professionnelles, de la dépendance vis-à-vis d'un constructeur. Cette dépendance fait que le choix du CD-I est risqué quant à la pérennité du matériel et du concept lui-même. Cette dépendance se retrouve également au niveau du développement lui-même de l'application, qui nécessite l'acquisition auprès de Philips d'une station de développement coûteuse, contrairement au développement pour CD-Rom pour lequel de nombreux outils logiciels sont disponibles.

4.3.7. Le Photo-CD

Ce type de support compact a été mis au point et commercialisé par Kodak avec comme vocation le stockage de photos numérisées en haute définition. Le Photo-CD est décliné en quatre formats :

– Pro-Photo-CD : un disque contient 25 images en très haute définition : (4096 x 6144 !) ;

– Photo-CD Master : 100 images en haute définition (2048 x 3072). C'est le support utilisable, au niveau grand public, par toute personne souhaitant transférer ses diapositives pour en faire un album consultable sur un téléviseur ;

– Photo-CD Portfolio : cette version permet la création d'application de type diaporama, dotée d'un peu d'interactivité. Le Portfolio peut contenir jusqu'à 800 photos et 72 minutes de son, le tout étant consultable selon une arborescence ;

– Photo-CD Catalogue : destiné à l'archivage des photos en faible définition (jusqu'à 6000 photos).

Le format le plus utilisé est le Photo-CD Master, qui contient 100 photos, et sur lequel chaque photo est en fait mémorisée selon une « pyramide » en 5 définitions différentes :

– 128 x 192 (vignette) pour feuilletage des images ;

– 256 x 384 (imagette) : images basse définition mais utilisation rapide ;

– 512 x 768 (image de base): résolution moyenne (par exemple pour affichage téléviseur) ;

– 1024 x 1536 (image « base 4 ») : image haute définition permettant de zoomer sur l'image ;

– 2048 x 3072 (image « base 16 ») : destiné à l'impression en « qualité photo ».

Intérêts du Photo-CD pour le développement d'applications multimédia : le premier intérêt consiste à utiliser un Photo-CD en format Master Disc comme support de stockage intermédiaire. Les photographies nécessaires à l'application sont fournies sous forme de diapositives à un centre de pressage de Photo-CD, le Photo-CD étant ensuite lisible sur le lecteur de CD-Rom du PC de développement, il est possible de l'utiliser comme bibliothèque des images devant être intégrées dans l'application multimédia. D'autre part, la version Portfolio du Photo-CD peut être utilisée si l'on souhaite développer une application de type diaporama à faible interactivité (arborescence). Le travail de développement dans ce cas est relativement simple et donc les applications peu coûteuses. De telles applications peuvent tout à fait être utilisables de façon efficace comme outils d'aide à la vente, ou même support de formation.

4.3.8. Le CD-R (ou disque Worm : Write Only Read Many)

C'est la technologie utilisée sur les graveurs de CD. A ce sujet, il est nécessaire de bien distinguer la gravure de CD-R, opération effectuée en petite quantité sur un matériel de gravure connecté à un micro-ordinateur, et le pressage industriel de CD-Rom. Les deux types de supports CD-R et CD-Rom sont bien distincts, le support CD-R ayant la caractéristique de se conserver plus longtemps (100 ans) que le CD-Rom (25 ans). Un CD-R peut être formaté soit en CD-Rom (avec une organisation ISO 9660, Macintosh HFS ou Hybride), soit en Photo-CD, soit en CD-Audio, ou encore en CD-I.

4.3.9. Le DVD (Digital Versatil Disc)

Mis au point sur la base d'un accord entre les plus grands constructeurs (Sony, Toshiba, Philips, Thomson, etc.), le DVD est considéré comme étant, à terme, le successeur du CD-Rom et de la cassette VHS. Le DVD utilise un principe de lecture identique au CD-Rom, mais est doté d'une plus grande capacité de stockage grâce au doublage de la couche d'information et à l'augmentation du nombre de micro-cuvettes sur la surface. Le DVD dispose d'une capacité de 4,7 Go si une seule couche est utilisée, et de 8,5 Go si les deux couches sont utilisées (soit l'équivalent de 7 ou 14 CD-Roms !!!). L'utilisation du DVD nécessite un lecteur spécial qui est capable également de lire les CD-Rom.

Au niveau du grand public, le DVD est appelé à remplacer la cassette VHS, avec comme intérêt principal pour ses promoteurs, le remplacement du parc de magnétoscopes. Conçu essentiellement pour le stockage de la vidéo compressée en format MPEG2, le DVD intègre des données vidéo et des données audio. Cette organisation permet par exemple d'avoir un même film associé à plusieurs « bandes son » pour différentes langues. Le DVD peut être organisé de plusieurs façons, et peut contenir par exemple : 1 piste vidéo + 3 pistes audio (doublage du son en 3 langues) + 4 pistes textes (sous-titrage en 4 autres langues). La durée du film dans ce cas est de 133 minutes. Le DVD est donc un support permettant de stocker sur un simple disque un film d'une durée moyenne de 1h 30 à 2h, et disponible en plusieurs langues.

4.3.10. Autres supports moins utilisés en multimédia

Vidéo-CD

Ce support est une forme évoluée de CD empruntant certaines caractéristiques du CD-I : données informatiques et audio entrelacées, mais avec également des fichiers vidéo au format MPEG1. Le vidéo-CD est destiné à être lu soit sur un lecteur spécial, soit sur un lecteur de CD-I avec carte FMV, ou encore sur un PC avec carte de décompression MPEG.

CD-Extra

Proche du CD-Audio, le CD-Extra intègre des données informatiques qui peuvent être utilisables si le disque est lu par un ordinateur : titre des morceaux, paroles des chansons, etc. Le CD-Extra devrait à terme remplacer les CD-Audio.

4.3.11. Compatibilité entre différents CD et différents matériels

Rappelons que tous les différents types de CD ont en commun la même technologie de base pour l'écriture et la lecture. Ceci fait qu'il existe une compatibilité partielle au niveau des lecteurs. Il est en fait plus approprié d'utiliser le terme acceptation que le terme compatibilité. En effet, les différents supports correspondent chacun à des fonctionnalités bien particulières : le son pour le CD-Audio, l'image pour le Photo-CD, etc., et on ne peut pas vraiment parler ni de compatibilité ni d'équivalence entre ces fonctionnalités.

D'autre part, il importe de bien distinguer la possibilité de lecture de fichiers et la compatibilité des applications informatiques. On peut par exemple, sur un lecteur de CD-Rom de Macintosh PowerPC, lire les fichiers d'un CD-Rom en format PC, mais il est impossible d'en exécuter les applications. Sur un lecteur de CD-Rom de PC, on peut éventuellement lire les fichiers de données d'un CD-I, mais en aucun cas exécuter l'application (sauf si le PC a une carte particulière d'émulation du CD-I).

Lecteur	Supports acceptables par le lecteur
CD-Audio	CD-Audio
CD-I	CD-I CD-Audio Photo-CD Vidéo-CD si carte FMV
CD-Rom sur PC ou Macintosh	CD-Rom CD-Audio Photo-CD CD-I sur certains modèles de lecteur Vidéo-CD si carte MPEG
Photo-CD	Photo-CD CD-Audio

Figure 4.9. *Compatibilités entre les différents types de CD et les différents lecteurs*

4.3.12. Serveurs de CD et juke-box

La capacité d'un CD-Rom est de 650 Mo, ce qui est suffisant pour la plupart des applications courantes en multimédia. Par contre si l'on a besoin d'importants volumes de stockage, par exemple pour des applications de base de données multimédia, plusieurs solutions sont utilisables, depuis le serveur dédié doté de plusieurs lecteurs de CD chaînés en SCSI, jusqu'au juke-box de 500 CD ! Attention toutefois de prendre en compte à la conception de l'application les délais de réponse qui peuvent être relativement longs dans ce type d'installation.

4.4. Numérisation des informations (principes)

4.4.1. Données exactes et données sensorielles

Les informations que l'on doit numériser pour une application multimédia peuvent être réparties en deux catégories :

Données exactes

Les textes et les nombres doivent être codés de façon précise sans aucune dégradation de leur valeur ni de leur sens. Si l'on mémorise le nom d'une personne ou son numéro de compte bancaire, aucune erreur n'est tolérée et de telles informations ne peuvent pas donner lieu à une approximation.

Données sensorielles

Il s'agit d'informations sonores et visuelles, pour lesquelles, au moment de la diffusion, le cerveau humain effectue une interprétation ou une approximation. Pour numériser ce type de données, on effectue un « échantillonnage », qui consiste à quantifier les informations : pour chaque dessin, photographie ou son, on mémorise un certain nombre de valeurs qui sont ensuite restituées au moment de la diffusion, de façon admissible par le cerveau du lecteur. En règle générale, pour une information donnée, plus les valeurs mémorisées sont nombreuses, plus l'information restituée sera fidèle à l'original.

4.4.2. Généralités sur la résolution des images et la résolution de l'écran

Principe du codage bitmap (« Carte de points binaires »)

Quel que soit le codage interne utilisé pour représenter les données, leur affichage dans une application multimédia devra tôt ou tard se faire sur un écran, composé d'un ensemble de points lumineux appelés pixels.

Le plus simple, pour numériser une image, consiste donc à la découper par quadrillage en une matrice de points, chaque point (pixel) étant caractérisé par sa couleur. Ce découpage en une grille très fine est *l'échantillonnage*. Plus le nombre de points de la grille est important, plus la définition de l'image sera fine. Après avoir découpé l'image en points, on mémorise pour chaque point une valeur correspondant à la couleur. Il s'agit de la phase de *quantification* proprement dite.

La couleur d'un point sera restituée plus ou moins fidèlement selon le nombre de valeurs possibles, et donc selon le nombre de bits utilisés pour coder cette valeur :

– 1 bit : 2 valeurs possibles, soit une image noir et blanc (mode monochrome) ;
– 4 bits : 16 valeurs, soit 16 niveaux de gris ou 16 couleurs différentes ;
– 8 bits (1 octet) : 256 valeurs, soit 256 niveaux de gris ou 256 couleurs ;

– 16 bits (2 octets) : 65 536 couleurs (mode « milliers ») ;
– 24 bits (3 octets) : 16 777 216 couleurs (mode « millions »).

Codage des couleurs

Sur un écran, la couleur du point est reconstituée par un mélange des trois couleurs primaires : rouge, vert et bleu. Chaque pixel de l'écran est composé de trois photophores : un rouge, un vert et un bleu. Lorsqu'un écran est capable de restituer 16 millions de couleurs, cela signifie que chaque photophore de chaque point peut prendre 256 valeurs différentes. En effet 256 x 256 x 256 = 16 777 216. Donc, sur un tel écran, pour chaque pixel, la composante rouge variera d'une valeur 0 à 255, et de même pour la composante verte et pour la composante bleue.

Lorsqu'une image est stockée dans l'ordinateur, par exemple sur disque dur, il y a deux façons de coder les couleurs :

– En couleurs réelles, c'est-à-dire avec les valeurs qui seront affichées par l'écran : par exemple si l'on est en 16 millions de couleurs, codage pour chaque point de la composante rouge sur 8 bits, soit de 0 à 255, et codage des composantes verte et bleue de la même façon. Ce qui implique un poids de 3 octets par point (24 bits).

– En couleurs indexées utilisant une palette. Dans cette technique, au moment de la numérisation, on constitue une palette de 256 couleurs, choisies parmi les 16 millions de couleurs restituables par l'écran. Cette palette de 256 couleurs est choisie en fonction des teintes utilisées dans l'image d'origine. Il suffit alors, pour chaque point à numériser, de choisir dans la palette la couleur qui s'en rapproche le plus, et de mémoriser pour ce point, la valeur de cette couleur.

N° de la couleur dans la palette	**Codage RVB**			
	R	V	B	
0	0	0	0	(noir)
1	255	255	255	(blanc)
2	220	100	0	(orangé)
255	8	50	15	(vert sombre)

Figure 4.10. *Exemple de correspondance entre palette et codage RVB*

Résolution de l'image

Le choix de la résolution de l'image intervient à différents stades :

– à la numérisation, par exemple avec un scanner. Il est possible de choisir la définition de l'image exprimée en DPI (points par pouce). Une image scannée par exemple en 300 DPI correspondra à un découpage selon une matrice de 300 points par pouce en horizontal et 300 points par pouce en vertical. Le pouce étant égal à 2,54 cm, une définition de 300 DPI donnera 90 000 points pour un carré de 2,54 cm de côté ;

– à l'affichage sur écran, où la résolution utilisée est de 72 DPI ;

– à l'impression de l'image, les définitions utilisées sur imprimante sont bien supérieures à la définition de l'écran. On utilise couramment sur imprimante laser une définition de 300 DPI et jusqu'à 2 400 DPI pour une sortie sur film destiné à l'imprimerie.

Une image numérisée au départ avec une très bonne définition peut donc ensuite être imprimée avec différentes définitions, selon la qualité d'impression que l'on souhaite. La résolution de l'image subit toujours des adaptations en fonction du support sur lequel est restituée l'image. Par exemple, si l'on numérise une image avec une définition de 300 points par pouce, lors de la restitution sur un écran en 72 DPI, l'ordinateur va effectuer une approximation, en regroupant certains points de l'image dans un même point de l'écran (dans ce cas, environ 4 points de l'image numérisée donneront 1 point à l'écran). Lorsque cette même image sera imprimée sur une imprimante laser, par exemple en 600 DPI, l'ordinateur effectuera une adaptation inverse, c'est-à-dire que chaque point de l'image d'origine sera répété deux fois. Il est donc important, lors de la numérisation des images, de déterminer l'utilisation qui va en être faite. Ceci concerne aussi bien la résolution de l'image que le nombre de couleurs utilisées : rien ne sert d'avoir une image en 300 DPI et 16 millions de couleurs, si elle doit être restituée sur un écran en 72 DPI et en 256 couleurs. Dans la pratique, il est fréquent que l'image soit numérisée avec la meilleure qualité possible, puis qu'elle soit retouchée au moyen d'un logiciel spécifique, pour être ensuite codée et conservée avec la qualité nécessaire à la restitution.

4.4.3. Définition d'images et carte graphique nécessaire

Selon la résolution et le nombre de couleurs que l'on veut utiliser dans une image, la carte graphique de l'ordinateur doit être dotée d'une mémoire plus ou moins importante :

– mémoire de 512 ko : image possible en 640 x 480 en 256 couleurs ;

– mémoire de 1 Mo : image en 640 x 480 en 16 millions de couleurs ou 800 x 600 en 65 536 couleurs ;
– mémoire de 2 Mo : image en 800 x 600 en 16 millions de couleurs ou 1024 x 768 en 65 536 couleurs ou 1280 x 1024 en 256 couleurs.

4.4.4. Représentation du texte

Deux aspects concernent l'utilisation du texte : le contenu, exprimé par les caractères de l'alphabet, et la forme du texte, décrite par différents « attributs ». Les attributs couramment utilisés pour un texte sont la police de caractères, la taille, le style et la couleur.

A titre indicatif et pour avoir une idée du volume d'informations généré par ces attributs de mise en forme, on peut comparer les chiffres suivants :

– un document stocké en texte seul, sans mise en forme typographique : environ 1,5 ko pour une page A4. Dans ce cas, un CD-Rom, d'une capacité de 650 Mo, peut contenir environ 450 000 pages A4 ;
– un document texte mis en forme : 2 à 3 ko pour une mise en forme moyenne, soit sur un CD-Rom, la possibilité de stocker 200 à 300 000 pages en format A4.

Dans une application multimédia, le texte peut être mémorisé de deux façons : en mode vecteur ou en mode bitmap.

En mode vecteur : Le texte dans ce cas, est conservé sous forme de caractères, chaque caractère étant codé sur un octet selon un code prédéfini. Le code le plus utilisé dans ce cas est l'ASCII.

Exemple de codage de caractère selon le code ASCII :

A = 0100 0001 B = 0100 0010 etc.

Associé à chaque texte ou fraction de texte, on mémorise dans le mode vecteur les attributs du texte : numéro de police, taille des caractères, etc.

En mode bitmap : Le texte dans ce cas est d'abord saisi et mis en forme, comme en mode vecteur, puis transformé en une matrice de points, exactement comme c'est le cas pour un dessin ou une photographie.

Figure 4.11. *Texte en bitmap avec découpe partielle*

Ces deux modes de représentation du texte n'ont pas la même utilisation dans une application multimédia. Le texte mémorisé en mode vecteur peut être modifié aisément, et l'on peut changer la taille d'un mot, corriger une faute d'orthographe, etc. Par contre, le texte généré en mode bitmap n'est plus qu'un ensemble de points, et ne sera plus modifiable en tant que texte.

L'utilisation de textes en mode vecteur est donc la solution la plus logique pour tous les textes nécessitant des mises à jour ou devant être traduits. Cependant, les polices de caractères, utilisées dans le texte vectorisé, doivent être présentes dans le système d'exploitation du poste utilisateur. Il faut donc, si l'on utilise des polices non standard, les charger à l'installation de l'application multimédia sur le poste utilisateur, en ayant pris la précaution de disposer de la licence d'utilisation de ces polices.

Les textes en mode bitmap ne nécessitent par contre pas d'installation des polices, mais sont plutôt à réserver pour les titres nécessitant une présentation particulière et pour les textes qui ne sont pas susceptibles d'être modifiés.

4.4.5. Graphismes en mode matriciel (bit-map) et en mode vecteur

De la même façon que pour le texte, deux modes de représentation sont utilisables pour une image :

Mode matriciel (bitmap). L'image, qu'elle soit numérisée à partir d'un scanner, ou créée par un graphiste au moyen d'un logiciel de dessin, est découpée en une matrice de points repérés chacun par une couleur. L'inconvénient de ce mode est la difficulté à transformer les images de façon géométrique (réduction ou augmentation d'échelle, rotation, etc).

Mode vecteur. L'image est alors décrite de façon géométrique par référence à des formes élémentaires (trait, cercle, rectangle, etc.). Un dessin créé en mode vecteur peut, dans un deuxième temps, être transformé en bitmap si on le souhaite, mais dans ce cas, on perdra toute possibilité de modification des objets élémentaires.

Les images, graphismes ou illustrations nécessaires à une application multimédia peuvent être fabriqués de plusieurs façons :

– numérisation au moyen d'un scanner : c'est alors une image bitmap, qui peut être retouchée au moyen d'un logiciel adéquat, puis éventuellement être transformée en mode vecteur au moyen d'un logiciel spécialisé ;

– création par un graphiste au moyen d'un logiciel de dessin. Dans ce cas, les deux modes sont possibles, le mode vecteur étant utilisé pour des créations schématiques ou géométriques, et le mode bitmap étant plus adapté à une création artistique. Les logiciels en mode bitmap mettent d'ailleurs à la disposition de l'infographiste toute une palette d'outils inspirée des moyens conventionnels des arts graphiques : pinceau, aérographe, dilution des couleurs, etc. ;

– les images peuvent être générées par un programme mathématique (image fractale) ou par un programme de simulation (image de synthèse en 2D ou en 3D).

Formats de fichiers pour les images

Les images utilisées dans une application multimédia sont conservées sous forme de fichiers de différents types. Les formats de fichiers les plus courants pour les images sont :

– en mode bitmap : BMP, PCX, TIFF ;
– en mode vecteur : WMF, PICT (pour Macintosh), EPS.

Il est conseillé, pour les images que l'on numérise ou que l'on créé, de choisir les formats de fichier adaptés au système d'exploitation que l'on utilise. On aura intérêt, par exemple sous Windows, à choisir en bitmap les formats natifs de Windows, qui seront plus rapides à l'affichage. D'autre part, il est conseillé d'utiliser les formats acceptés, et privilégiés par le logiciel de mise en scène que l'on utilisera. Signalons enfin un détail qui a son importance au point de vue optimisation de l'application : il est préférable de préparer les images et de les stocker dans la taille qu'elles doivent avoir à l'affichage, plutôt que de les redimensionner ou de les transformer au moment de l'affichage, ce qui sera nécessairement plus long, par suite des calculs nécessaires à chaque affichage.

4.4.6. Numérisation des photographies

Les photographies sont stockées de façon numérique de la même façon que les illustrations en bitmap, mais avec quelques contraintes particulières : les photographies utilisent souvent une représentation sur un plus grand nombre de bits par point (c'est-à-dire un plus grand nombre de couleurs), pour une meilleure qualité de restitution. D'autre part, elles sont traitées au moyen de logiciels disposant de fonctionnalités spécifiques à la retouche photographique (c'est le cas par exemple du logiciel Photoshop).

A noter que, pour les photographies, il existe une alternative à la numérisation par scanner : les photographies nécessaires à l'application multimédia peuvent être fournies sous forme de diapositives ou de tirages papier à un centre de gravure de Photo-CD. Le Photo-CD étant lisible sur les lecteurs de CD-Rom, il peut être considéré ensuite comme une banque d'images disponibles et pouvant être intégrées dans l'application multimédia.

4.4.7. Numérisation du son

De la même façon que les images et les textes, le son peut être numérisé selon deux modes de représentations :

Mode Midi (Musical Instrument Digital Interface)

Le mode Midi se rapproche en quelque sorte du mode vecteur des images : chaque son est doté de différents attributs : note, hauteur, timbre, durée du son, etc. Un morceau de musique est ainsi constitué par une liste de sons successifs ou simultanés. Dans ce mode, comme dans le mode vecteur, il est possible de modifier un seul son, une seule note incluse dans une musique. Cette représentation convient surtout à la composition de musique sur ordinateur (MAO).

Sons enregistrés en mode « bitmap »

Le processus de numérisation est le suivant :

– *Phase échantillonnage* : le signal sonore est découpé en fraction de temps. L'échantillonnage consiste à fractionner le signal sonore à intervalles réguliers, et à relever à chaque intervalle la valeur du signal ;
– *Phase de quantification des échantillons* de signal : la valeur de chaque échantillon peut être codée sur un nombre de bits plus ou moins grand, selon la précision que l'on veut atteindre. Les deux possibilités couramment utilisées sont le codage sur 8 bits ou sur 16 bits.

Au moment de la restitution du son, la carte son retransforme une succession de valeurs numériques en un signal analogique, cette transformation constituant nécessairement une approximation. Plus la fréquence d'échantillonnage est importante (c'est-à-dire la finesse des intervalles où sont prélevés les échantillons), plus la restitution du son sera fidèle.

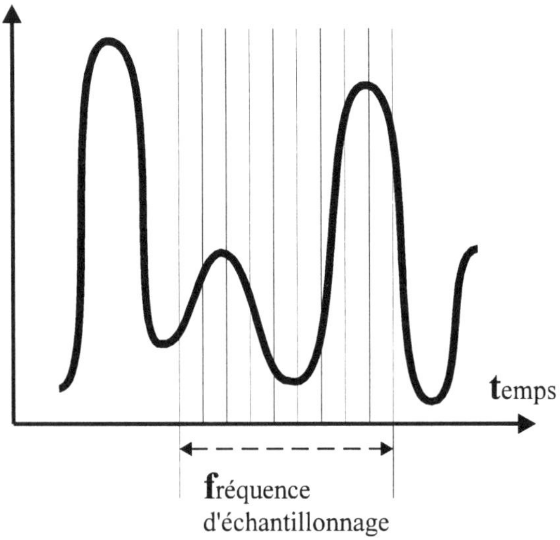

Figure 4.12. *Echantillonnage du son*

Les fréquences d'échantillonnage possibles sont les suivantes :

– 44,1 kHz, soit 44 100 échantillons par seconde : son de qualité hi-fi
– 22,05 kHz, soit 22 050 échantillons pas seconde.
– 11 kHz soit 11 000 échantillons pas seconde.
– 8 kHz, soit 8 000 échantillons par seconde : son de qualité « téléphonique »

Plus le son est échantillonné en haute qualité, plus il est nécessaire d'avoir un débit d'informations élevé au moment de sa restitution.

Fréquence d'échantillonnage	Précision du codage	Mode	Débit nécessaire en Ko/sec	Poids du fichier en Ko pour 1 minute de son	Occupation du CDRom en Mo pour 1 heure de son
44,1 KHz	16 bits	Stéréo	176,4	10 584	635
	16 bits	Mono	88,2	5 292	318
	8 bits	Stéréo	88,2	5 292	318
	8 bits	Mono	44,1	2 646	159
22,05 kHz	16 bits	Stéréo	88,2	5 292	318
	16 bits	Mono	44,1	2 646	159
	8 bits	Stéréo	44,1	2 646	159
	8 bits	Mono	22,1	1 323	79
11 kHz	16 bits	Stéréo	44,0	2 640	158
	16 bits	Mono	22,0	1 320	79
	8 bits	Stéréo	22,0	1 320	79
	8 bits	Mono	11,0	660	40

Figure 4.13. *Débits nécessaires et poids des fichiers en fonction de la fréquence d'échantillonnage et du codage du son*

Il est à noter que la numérisation du son a existé bien avant l'apparition du multimédia, puisque la technique MIC a permis de numériser, depuis plusieurs années, la voix véhiculée par les lignes téléphoniques. Le codage MIC utilisé sur les réseaux téléphoniques numériques correspond à un échantillonnage à 8 kHz, avec un codage sur 8 bits.

Les formats de fichiers les plus courants pour le son numérisé sont :

– MID pour les sons en format Midi ;
– WAW pour les sons « bitmaps ».

Les sons nécessaires à une application multimédia peuvent être créés de deux façons :

– à partir d'un clavier musical connecté à l'ordinateur et géré par un logiciel de MAO (pour les sons midis) ;
– à partir d'une source d'enregistrement (microphone, magnétophone, lecteur de CD-Audio), connectée à la carte son de l'ordinateur qui effectue la numérisation.

4.4.8. Numérisation des séquences vidéo

La numérisation de séquences vidéo est effectuée en utilisant une carte d'acquisition sur laquelle est connectée une source vidéo (récepteur TV, caméra, camescope ou magnétoscope). La numérisation d'une séquence vidéo consiste à coder à la fois les images et une bande sonore accompagnant ces images. La synchronisation dans le temps est une caractéristique primordiale de la vidéo, et entraîne des contraintes importantes pour la numérisation : les images doivent se succéder à un rythme continu et suffisamment rapide pour que l'œil ne détecte pas de rupture dans le déroulement. Le son doit nécessairement être synchrone avec l'affichage des images.

On pourrait ainsi imaginer de stocker toutes les images constituant une séquence vidéo, soit 25 images par seconde en PAL ou 30 images par seconde en NTSC, en numérisant une à une chaque image, et de numériser séparément le son qui l'accompagne. En pratique, ceci est impossible sans compresser de façon importante les fichiers, car les volumes d'information obtenus ne peuvent pas être stockés sur les supports actuels (poids des fichiers trop élevés) ni diffusés, compte tenu du débit nécessaire qui est trop important.

Par exemple, en PAL, à 25 images/seconde, pour un affichage en plein écran en définition 640 x 480 et 256 couleurs, on obtient :

– 1 seconde de vidéo = 7,7 Mo ;
– 1 minute de vidéo = 462 Mo (débit nécessaire, environ 8 Mo/seconde).

La vidéo est donc nécessairement compressée, et les différents types de codages sont abordés plus précisément au paragraphe 4.5 « Compression des données ».

4.4.9. Animations graphiques

Le plus souvent, les animations graphiques ne sont pas simplement une succession d'images en bitmap, mais une liste de transformations exprimées en un langage codé. Il y a donc la même différence entre une animation graphique et une séquence vidéo qu'entre un dessin en mode vecteur et un dessin en mode bitmap. Cependant, une animation graphique, après sa réalisation au moyen d'un logiciel spécifique, peut être convertie en un fichier de même type que la vidéo. Dans ce cas, de la même façon que lorsqu'on transforme un dessin vecteur en un dessin bitmap, on n'a plus la possibilité de modifier les objets élémentaires ou les trajectoires de l'animation.

4.5. Compression des données multimédias

Le volume des informations numérisées pose deux problèmes techniques :

– Le poids des fichiers numériques augmente avec le souci de qualité de restitution des informations : plus la qualité souhaitée pour la restitution d'une image est grande, plus le fichier sera volumineux. Ceci a comme conséquence la nécessité de disposer de supports d'information de capacité de plus en plus grande.

– Le débit nécessaire pour véhiculer « en temps réel » ces informations sur le bus et sur les interfaces avec les disques ou le CD-Rom. A titre d'exemple, signalons simplement le débit qui serait nécessaire pour afficher de la vidéo non compressée : en 640 x 480, en 25 images seconde, avec un codage de l'image sur 3 octets et codage du son en 22 kHz sur 16 bits en mono : 23 Mo/s.

Média	Définition	Nbre de bits/Couleurs/Qualité	Quantité	Poids en Koctets	Quantité sur un CD-Rom (arrondie)
Texte	sans typo		1 page A4	1,5	430 000 pages
	avec typo et enrichissement		1 page A4	3	200 000 pages
Son	44,1 Khz	16 bits / stéréo (qualité Hifi)	1 minute	10 584	1 heure
	22,05 Khz	16 bits/mono ou 8 bits/Stéréo	1 minute	2 646	4 heures
	11 Khz	8 bits/mono (qualité téléphone)	1 minute	660	16 heures
Image fixe bitmap	640 x 480	256 couleurs	1 écran	307	2116 images
		65000 couleurs	1 écran	614	1058 images
		16 millions couleurs	1 écran	922	705 images
	800 x 600	256 couleurs	1 écran	480	1354 images
		65000 couleurs	1 écran	960	677 images
		16 millions couleurs	1 écran	1 440	451 images
	768 x 1024	256 couleurs	1 écran	786	827 images
		65000 couleurs	1 écran	1 573	413 images
		16 millions couleurs	1 écran	2 359	276 images
Vidéo PAL 25 i/s	640*480	16 millions couleurs + son en 22Khz 16 bits mono	1 seconde	23 084	28 secondes de film
			1 minute	1 385 046	
Vidéo NTSC 30 i/s	640*480	16 millions couleurs + son en 22Khz 16 bits mono	1 seconde	27 692	23 secondes de film
			1 minute	1 661 526	

Figure 4.14. *Poids des fichiers obtenus pour les informations numérisées sans compression*

Pour résoudre le problème de volume des fichiers numériques, deux voies d'exploration font l'objet d'une recherche continue : la première consiste à accroître les capacités de stockage des supports, avec comme résultat le plus récent, la création du support DVD (jusqu'à 8,5 giga-octets par disque). La seconde voie consiste à améliorer les algorithmes de codage, permettant de stocker seulement une partie des informations. Il est à noter que la compression, outre ses avantages en matière de stockage et de débit sur le bus du micro-ordinateur, est très intéressante pour la transmission à distance des informations. En effet, les informations compressées seront transmises beaucoup plus rapidement sur le réseau, même si leur diffusion n'est pas synchrone. Bien entendu, l'utilisation généralisée de la compression implique nécessairement une normalisation des algorithmes utilisés.

4.5.1. Compactage et compression des données

Comme cela a été évoqué à propos de la numérisation, les informations que l'on a besoin de coder peuvent être réparties en deux catégories :

– *Les données exactes*, constituées par des textes, des nombres ou des schémas devant être codés de façon précise, sans aucune dégradation du contenu (identité des personnes, numéro de compte, adresse, etc.).

– *Les données sensorielles*, constituées essentiellement par des sons et des images, pour lesquelles le cerveau du lecteur effectue une interprétation ou une approximation.

Après avoir été numérisées, c'est-à-dire transformées en une suite de signes binaires, les informations peuvent faire l'objet de :

– *Compactage* pour les données exactes (textes et nombres). Le compactage s'effectue sans perte d'informations et on parle alors d'algorithme réversible. La représentation compactée de l'information permet en effet de reconstituer l'intégralité de la représentation d'origine, en appliquant l'algorithme inverse. De nombreux algorithmes de compactage sont utilisés pour archiver des données. Citons en particulier les logiciels Zip, Winzip, ARJ ou encore CompactPro, Stuffit...

– *Compression* pour les données sensorielles (images, sons et vidéo). La compression s'effectue avec une perte contrôlée d'informations et l'on parle alors d'algorithme irréversible. En effet, la représentation compressée de l'information ne permet pas de reconstituer intégralement la représentation d'origine. Il est ainsi nécessaire, au moment de la diffusion de l'information, d'extrapoler pour restituer une information la plus proche possible de l'information d'origine.

Taux ou ratio de compactage et de compression

On appelle taux de compactage (ou de compression) le rapport entre le poids du fichier d'origine contenant l'information numérisée « brute » et le fichier compacté (ou compressé) et stocké sur un support avant son décompactage (sa décompression) pour restitution sur un périphérique externe. Le compactage de texte donne souvent des taux de l'ordre de 5:1 (c'est-à-dire que 1 Mo du fichier compacté représente 5 Mo du fichier d'origine). La compression d'images fixes donne souvent des taux compris entre 10:1 et 30:1. La compression de la vidéo donne des taux de compression jusqu'à 200:1.

Compression et perte de qualité

On peut bien entendu s'attendre à vérifier la loi suivante : plus le taux de compression augmente, plus le risque de perte de qualité à la restitution est important. Ceci est vrai lorsqu'on fait varier le taux de compression pour un même algorithme, mais ne se vérifie pas nécessairement entre deux algorithmes différents. En particulier, la compression MPEG pour la vidéo offre à la fois la meilleure qualité de restitution, et le plus fort taux de compression, ceci grâce à l'utilisation d'une carte spéciale pour la décompression. D'autre part, l'efficacité d'un algorithme de compression, du point de vue de la qualité de restitution, dépend du contenu de la séquence vidéo. Selon que la séquence contient beaucoup de mouvements ou peu, un rythme de montage rapide ou plutôt lent, les résultats seront différents selon les algorithmes utilisés.

4.5.2. Compactage des textes

Le compactage des textes n'est pas réellement une préoccupation liée au multimédia. Citons simplement le codage de Huffmann, utilisé depuis fort longtemps en informatique et en transmission de données, et qui permet d'atteindre un taux de compression de 5:1.

4.5.3. Compression du son

Plusieurs techniques de compression sont utilisées, principalement dans la transmission de sons à distance, c'est-à-dire en téléphonie, en audioconférence ou visioconférence. Le son numérique utilisé en multimédia off-line et stocké sur CD-Rom n'est généralement pas compressé, sauf en ce qui concerne le son associé aux séquences vidéo compressées en MPEG.

4.5.4. Compression des images fixes

Pour le stockage des images fixes, illustrations ou photographies, différents formats de fichiers sont utilisables et incluent pour certains une compression des images. En dehors de l'utilisation de formats de fichiers spécifiques, deux techniques de compression d'images fixes sont souvent utilisés :

Kodak Photo-CD : le format PCD est un format spécifique défini par Kodak pour le support Photo-CD, mais peut être également considéré comme une norme de compression des images fixes, en vue de leur stockage sur CD-Rom ou disque dur. Cette norme PCD est caractérisée essentiellement par la recherche de la qualité maximum de l'image en vue de son édition sur papier.

La norme JPEG (*Joint Photographic Expert Group*) est couramment utilisée pour le stockage d'images photographiques. Le principe de la compression JPEG est le suivant :

– L'image d'origine est découpée en blocs de 8 x 8 pixels (soit en carrés de 64 points) ;
– L'algorithme calcule une valeur moyenne des points pour un bloc et remplace chacun des points par un coefficient d'écart de sa valeur par rapport à la moyenne (pour la plupart des photographies la valeur varie très peu par rapport à la moyenne);
– L'algorithme procède ensuite à une quantification des coefficients, avec une précision choisie selon la qualité de restitution de l'image souhaitée ;
– Enfin, les données compressées sont ensuite compactées selon le codage de Huffmann (sans perte de données).

Selon le paramètrage choisi lors du calcul de coefficient, le taux de compression est variable. Celui-ci peut être choisi par exemple lorsqu'on travail avec le logiciel Photoshop, au moment de l'enregistrement du fichier, en choisissant la qualité : réduite / moyenne / supérieure / maximale. Bien entendu, le taux de compression varie en fonction de la nature de l'image : à paramètrage égal, le taux de compression sera plus fort pour la photographie d'un ciel bleu uni que pour une image bariolée. Le taux de compression moyen obtenu en JPEG est de 10:1.

Attention : la qualité de restitution de l'image codée en JPEG est relativement bonne, et en tout cas suffisante pour un affichage sur écran dans une application multimédia. Toutefois, cette qualité se dégrade rapidement si l'on effectue des compressions et décompressions successives d'une même image. Il est donc nécessaire de toujours garder de en archive l'image originale non compressée.

La compression JPEG peut être effectuée soit par logiciel (par exemple au moyen du logiciel Photoshop), soit par des cartes spécialisées. Dans ce dernier cas, les opérations de compression et de décompression sont plus rapides, et de telles cartes peuvent trouver leurs applications dans les applications utilisant des banques d'images ou nécessitant un affichage rapide de nombreuses images. A titre d'exemple, la carte « Compress », diffusée par la société APIM offre les taux et vitesse de compression suivants :

- Image en 640 x 480 8 bits/pixel :
  Fichier d'origine = 300 ko Fichier compressé = 30 ko Ratio 10:1
  Temps de compression 650 ms
- Image en 640x480 24 bits/pixel :
  Fichier d'origine = 900 ko Fichier compressé = 30 ko Ratio 30:1
  Temps de compression 900 ms

4.5.5. Compression de la vidéo numérique

Généralités

Le problème de la vidéo numérique est double : le volume nécessaire pour stocker l'information d'une part, et d'autre part le débit nécessaire pour véhiculer les informations sur le bus ou entre le CD-Rom et l'unité centrale. Il faut noter que, contrairement aux images fixes qui peuvent éventuellement être affichées avec certains temps d'attente, le son et la vidéo doivent être restitués à un rythme précis, et nécessitent donc des débits supérieurs pour la transmission des informations. Procédons à quelques comparaisons d'ordre arithmétique, entre le son et la vidéo :

Pour le son codé en qualité Hifi, soit 44,1 MHz sur 16 bits en stéréo, 1 seconde de son = 176,4 ko. Le débit nécessaire pour l'affichage du son est donc de l'ordre de 180 ko/sec pour la qualité maximale, et l'on voit donc que l'utilisation d'un lecteur de CD-Rom double vitesse (soit à 300 ko/s) offre un débit suffisant pour la restitution du son. Concernant la vidéo, si l'on considère qu'une séquence vidéo codée en PAL à 25 images/seconde avec une définition de 640 x 480, 1 seconde de vidéo représente un volume de 23 Mo.

Il est donc nécessaire de disposer, pour transmettre ces informations non compressées, d'un débit au moins égal à 23 Mo/s, ce qui nécessite un lecteur de CD-Rom de vitesse environ 150 x !. On voit donc que la compression s'impose, et que selon le débit du lecteur de CD-Rom à partir duquel on lira les informations, il sera nécessaire de disposer d'un ratio de compression plus ou moins important :

- un ratio de 150:1 pour lire la vidéo sur lecteur de CD-Rom simple vitesse ;
- un ratio de 75:1 pour lire la vidéo sur lecteur de CD-Rom double vitesse ;
- un ratio de 38:1 pour lire la vidéo sur lecteur de CD-Rom quadruple vitesse.

Ces quelques éléments chiffrés expliquent que tant d'efforts aient été portés sur la recherche d'algorithmes de compression performants. Un ratio de compression de 100:1 peut paraître considérable, mais il ne faut pas oublier que la lecture de la vidéo par l'œil humain repose sur la faculté d'interpolation et d'interprétation du cerveau. Une séquence vidéo à 25 images/sec inclut la plupart du temps une redondance de l'information. Pour réduire le volume et donc le débit d'information, l'algorithme de compression utilisé peut agir de trois façons combinées :

– Compression spatiale à l'intérieur de chaque image, pour réduire le volume occupé par l'image elle-même (compression JPEG par exemple) ;

– Compression temporelle, c'est-à-dire d'une image à l'autre. La compression temporelle consiste à ne coder que les différences d'une image par rapport à la précédente ;

– Réduction du nombre d'images : c'est ainsi que certains algorithmes transforment un film d'origine à 30 images/sec en une séquence compressée restituée à 15 images/sec.

Décompression logicielle ou matérielle ?

Quel que soit l'algorithme de compression utilisé, la décompression au moment de la diffusion nécessite de la part de l'ordinateur une puissance de calcul relativement importante. Il est évident que si l'on rajoute au micro-ordinateur une carte particulière chargée de la décompression de la vidéo, cette décompression s'effectuera plus rapidement et l'on pourra donc envisager, sans nuire à la fluidité de la diffusion, des algorithmes de compression qui procurent un taux de compression plus élevé (c'est le cas de la compression MPEG). Par contre, si la décompression s'effectue par logiciel, la qualité de l'image, la taille possible sur l'écran, et la fluidité du mouvement dépendront directement de la puissance du micro-processeur.

Concernant la création d'un produit multimédia pour l'entreprise, la configuration matérielle est donc à prendre en compte dès le début du projet : doit-on s'adapter à un parc de micro-ordinateurs existant ? De quelle puissance ? Ou au contraire, peut-on définir la configuration de diffusion, et dans ce cas, peut-on envisager l'ajout d'une carte de décompression ? Il est à noter que, très probablement, ce type de préoccupation disparaîtra dans l'avenir, compte tenu de l'évolution rapide de la puissance des processeurs et de l'intégration probable dans un avenir proche de puces MPEG sur les cartes-mères.

Critères de choix d'un algorithme de compression

Plusieurs techniques et plusieurs algorithmes existent pour la compression vidéo. Le choix d'un algorithme est souvent délicat, car il dépend de plusieurs critères, et implique de déterminer les valeurs appropriées pour plusieurs paramètres : avant de choisir un algorithme de compression, on s'interrogera sur les points suivants :

– Quel est le contenu du film à numériser ? Est-ce plutôt un film statique, ou au contraire très dynamique, avec beaucoup de mouvements ?

– Quel objectif a-t-on en diffusant ce film numérisé ? L'exigence de qualité n'est en effet pas la même selon qu'il s'agit d'un film de promotion touristique, ou d'un film de formation devant montrer avec précision des gestes de la vie professionnelle.

– Selon le scénario de l'application multimédia, le film doit-il être diffusé en plein écran ou dans une fenêtre, accompagné d'autres types d'informations. Et dans ce cas, quelle est la taille de fenêtre souhaitable ?

– Quelle est la configuration du poste de diffusion ? Peut-on imposer un lecteur de CD-Rom à vitesse x 8 ou plus ? Peut-on envisager l'ajout d'une carte de décompression ?

– Quelle durée de film va-t-on avoir dans l'application ? Peut-on stocker le film compressé sur disque dur, ou doit-il être conservé sur CD-Rom ?

– Peut-on choisir un algorithme de compression impliquant le paiement de royalties pour la diffusion ?

Une fois l'algorithme de compression choisi, de nombreux paramètres seront à régler lors de l'opération de compression :

– Le nombre d'images/seconde pour la restitution ;
– La taille de l'image à l'écran ;
– Le débit choisi pour la décompression (avec une règle générale : plus le débit est élevé, meilleure est la qualité pour un même algorithme) ;
– Le nombre de couleurs ;
– La fréquence d'échantillonnage du son.

Bien entendu, avant d'envisager toute action de compression, il sera nécessaire de s'assurer que la qualité du film d'origine est irréprochable, que le tournage a été effectué avec des moyens professionnels, et que le film est conservé sur un support de bonne qualité, par exemple BetaSp). Ces nombreux paramètres font de l'encodage vidéo une opération complexe qu'il est préférable de confier à une société spécialisée dans ce domaine.

Vidéo pour Windows

« Vidéo pour Windows » est le format de fichier vidéo compressée le plus utilisé sous Windows (fichiers de type .AVI). Pour « vidéo pour Windows », la vidéo peut être compressée au moyen de plusieurs « codecs » différents (un codec, abréviation de compression/décompression, désigne un algorithme particulier de compression et de décompression). Bien entendu, si l'on a compressé un fichier au moyen du codec X, il est nécessaire, pour sa restitution, d'installer sur la machine de diffusion, le driver du codec X.

Les codecs disponibles en « vidéo pour Windows » sont :

– Microsoft Vidéo 1 (livré gratuitement avec Windows, pour un usage éventuellement amateur ;

– Microsoft RLE : efficace surtout pour restituer des animations graphiques stockées en format AVI ;

– Indeo : c'est l'ancienne technique du DVI (*Digital Vidéo Interactive*), développée par Intel et implémentée au début des années 90 sur des cartes de décompression, qui a été adaptée à Windows sous forme d'un algorithme de décompression logicielle. La compression avec le codec Indeo se fait toujours en codage 24 bits (millions de couleurs). Le codec Indeo version 3.2 donne des résultats acceptables si le film à diffuser ne comporte pas trop de mouvements et ne nécessite par trop de précisions dans les détails. La taille d'image doit être fixée à 1/4 d'écran (320 x 240) et la cadence à 15 images/sec. Ce codec ayant été conçu pour ces paramètres, la qualité est dégradée si l'on change leur valeur (paradoxalement, une cadence de 25 images/sec donne une qualité moins bonne que la cadence de 15 images/sec). La version 4.1 d'Indeo ne fonctionne que sous Windows 95 et Windows NT ;

– Cinepak (codec utilisé également dans QuickTime) donne une qualité de restitution relativement bonne en quart d'écran ;

– TrueMotion-S offre une très bonne qualité de restitution, y compris en plein écran, mais avec un poids des fichiers et un débit nécessaire assez importants (800 ko à 1 Mo/Sec) ce qui impose d'avoir un CD-Rom de vitesse x 8 minimum, ou de stocker les séquences vidéo sur disque dur.

Une surcouche multimédia : QuickTime

QuickTime est la première architecture multimédia définie par Apple en 1991, avec comme objectif de définir un codage des différentes informations multimédia, et une interface utilisateur commune à toutes les applications. Sur Macintosh, QuickTime est intégré au système MacOs lors de son installation (QuickTime fait partie des extensions du système). Sa version Windows peut être installée sur PC, au moment de l'installation des applications multimédia qui utilisent des séquences QuickTime. Contrairement à vidéo pour Windows, qui ne concerne que la vidéo, QuickTime est en quelque sorte un « entonnoir multimédia », qui permet à n'importe quelle application de ranger dans une même « coquille » des fichiers compressés de différents types.

QuickTime intègre aussi bien des sons en provenance d'un CD-Audio, des photographies au format Photo-CD, des images fixes compressées en JPEG, des graphiques ou des images animées. Concernant la vidéo, QuickTime utilise plusieurs algorithmes de compression : Apple Vidéo, Cinepak, MPEG.

Un seul format de fichier - MOOV- est commun à toutes les applications qui génèrent des données multimédia au format QuickTime. Les autres caractéristiques de QuickTime sont :

– Définition d'un interface utilisateur commun (cf. figure 4.15) ;

– Portage facilité entre Macintosh et PC grâce à QuickTime pour Windows ;

– Adaptation des performances à la restitution : si une séquence animée QuickTime est affichée sur un Macintosh doté d'un processeur trop lent, QuickTime prendra l'initiative de sauter automatiquement certaines images.

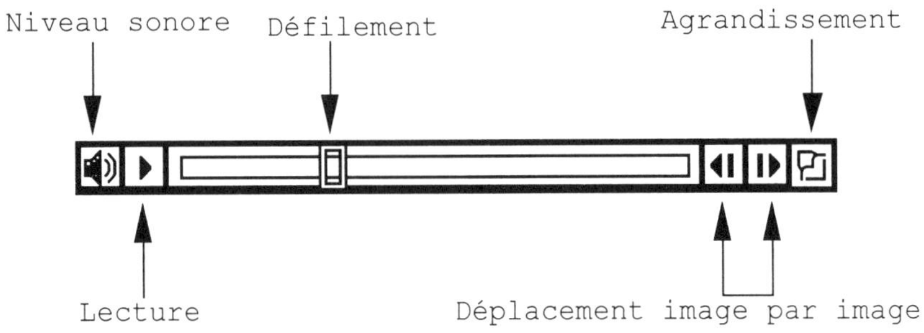

Figure 4.15. *Contrôleur de séquences QuickTime*

Les atouts de QuickTime sont essentiellement la standardisation et la simplicité de mise en œuvre. La qualité de restitution en vidéo n'est pas parfaite, mais QuickTime a eu le mérite de définir un langage commun du multimédia dans toutes les applications Macintosh, et ce de façon très simple pour les développeurs.

MPEG

La norme MPEG a été élaborée à la suite de la norme JPEG par un groupe d'experts (*Movie Picture Expert Group*) réunis par l'ISO et l'IEC. Les travaux du groupe MPEG ont donné naissance à deux normes différentes : MPEG1 et MPEG2, qui, contrairement aux apparences, ne sont pas des versions différentes, mais constituent des normes complémentaires : MPEG1 est utilisé pour la décompression vidéo à faibles débits, jusqu'à environ 500 ko/sec, c'est-à-dire pour une lecture à partir d'un CD-Rom ou d'un disque dur. MPEG2 est adapté à la diffusion à hauts débits, au dessus de 500 ko/sec et s'adresse particulièrement à la télédiffusion. Nous nous intéresseront ici uniquement à MPEG1 qui est mise en œuvre dans de nombreuses applications et titres multimédia, et que l'on désigne souvent par l'appellation MPEG.

Les caractéristiques de la norme MPEG1 sont :

– cadence de 25 ou 30 images/sec ;
– qualité comparable aux bandes VHS ;
– son échantillonné à 44,1 kHz et compressé selon la norme MPEG1 Audio ;
– débit nécessaire : de 180 à 500 ko/sec selon la taille de l'image. Soit utilisation d'un lecteur de CD-Rom de vitesse x 2, ou x 6 au minimum.

La compression MPEG 1 donne un taux de compression pouvant aller jusqu'à 200:1. La norme MPEG1 donnant un taux de compression relativement élevé, sa restitution nécessite une puissance de calcul importante. C'est pourquoi son implémentation est le plus souvent effectuée sous forme de carte spécialisée, effectuant la décompression. Sur PC, la carte de décompression MPEG1 la plus répandue aujourd'hui est la carte RealMagic de Sigma Designs. Sur CD-I, la décompression est assurée par la carte FMV de Philips (*Full Motion Video*). Il est également envisageable d'effectuer une décompression logicielle, mais à condition de disposer d'un processeur rapide (au minimum 120 MHz), d'une carte graphique accélérée et de se contenter d'une taille d'image d'environ 1/4 d'écran.

A relativement court terme, la décompression MPEG matérielle devrait se généraliser par l'ajout de puces spécialisées MPEG soit sur les cartes mères du micro-ordinateur, soit sur les cartes graphiques, ce qui lèvera le problème d'installation de carte additionnelle pour faire tourner un titre multimédia intégrant de la vidéo MPEG.

Outre la très bonne qualité d'image et la parfaite fluidité obtenue avec l'encodage MPEG, un autre avantage est le fait de pouvoir faire varier la taille de l'image au moment de la diffusion. Cette fonctionnalité est particulièrement utile dans des applications de formation, dans lesquelles il peut être intéressant de présenter à l'apprenant une même séquence vidéo dans plusieurs tailles d'images, selon le contexte. A l'opposé, les algorithmes de décompression logicielle nécessitent d'utiliser une taille de l'image fixée au départ. Ainsi, si l'on veut que l'utilisateur puisse visualiser une séquence dans différentes tailles, il est nécessaire d'enregistrer autant de séquences compressées que de tailles d'image différentes.

4.6. La numérisation et la compression en pratique

4.6.1. Les formats de fichiers les plus utilisés pour les différents médias

Textes

- .TXT : format le plus simple et le plus standard (texte seul sans mise en forme)
- .RTF (*Rich Text Format*) : fichier incluant des éléments de mise en forme du texte (polices, taille,...). Reconnu par de nombreux logiciels de création multimédia.

Images fixes (dessins ou photos) en bitmap

- .BMP : format standard des images bitmap sous Windows. Non compressée ;
- .PCX : format des images bitmap créées par PaintBrush. Compression spécifique ;
- .GIF : images compressées (*Graphics Interchange Format*) ;
- .JPG : images compressées selon la norme JPEG ;
- .TIF: images au format TIFF (*Tagged Image File Format*) : tous types d'images avec compression. Taux de compression inférieur à JPEG mais restitution de qualité supérieure. Le format TIFF est reconnu par de nombreux logiciels sur PC et sur Macintosh ;
- .PCD : images compressées au format Photo-CD de Kodak ;

- .PSD : format spécifique au logiciel Photoshop qui inclut des informations relatives au travail en cours sur l'image. A utiliser en cours de travail.

Images fixes vectorielles (pouvant inclure du bitmap)

- .WMF : format standard des images vectorielles sous Windows (Windows *Meta File*) ;
- .EPS : Images en description Postscript destinées surtout à la PAO et à l'édition papier (*Encapsulated PostScript*) ;
- .CDR : images en mode vectoriel créées par CorelDraw ;
- PICT : format de base vectoriel sur Macintosh (incluant du bitmap).

Son

- .WAV : séquence sonore « bitmap ». A noter que le type de fichier n'indique rien sur la fréquence d'échantillonnage qui a été utilisée, le nombre de bits,...
- .MFF : sons en format Midi ;
- .MID : sons en format Midi (standard Windows) ;
- AIFF : séquence sonore format Macintosh.

Vidéo et animations

- .AVI (Audio Vidéo Interleaved) : vidéo compressée (selon différents codecs possibles) pour Vidéo pour Windows. A noter que le type de fichier ne permet pas de savoir quel est le codec utilisé ;
- .MOV : fichier QuickTime pouvant inclure sons, animations et vidéo compressée (MOOV sur Macintosh) ;
- .MPG : vidéo compressée en format MPEG1 ;
- .FLI : séquences d'animations graphiques.

4.6.2. *Quel format choisir pour les médias ?*

Le choix d'un format de fichier ou d'un algorithme de compression est souvent un compromis à trouver entre la qualité souhaitée pour la restitution, le poids du fichier et le débit nécessaire. Ce choix sera effectué en fonction de la diffusion envisagée et des objectifs fixés au produit multimédia. Dans le cas particulier du son, le choix d'une fréquence d'échantillonnages est sans doute un des choix les plus difficiles à faire, car il repose sur des critères subjectifs de perception auditive. Il est recommandé d'utiliser les paramètres suivants :

- Voix off : 22 kHz sur 8 bits ou mieux sur 16 bits ;
- Musique : 44,1 kHz 16 bits stéréo (qualité CD-Audio) si les séquences sont courtes ;
- Jingles : 22 kHz sur 16 bits.

Bien entendu, ces choix de fréquence d'échantillonnage doivent être faits au début du projet, en fonction de l'évaluation de la quantité de chaque média. Si l'application à réaliser n'occupe pas la totalité de l'espace disponible sur le CD-Rom, on aura tout intérêt à numériser le son avec une meilleure qualité. Concernant la vidéo, il est souhaitable de viser la juste qualité plutôt que la meilleure qualité. Rien ne sert en effet d'avoir des séquences vidéo à un débit de 600 ko/sec si un débit de 200 ko/sec suffit pour l'application que l'on doit réaliser. Tous ces choix nécessitent bien entendu de nombreux essais comparatifs. Enfin, concernant les images fixes, on prendra soin d'utiliser les formats de fichier privilégiés du système d'exploitation que l'on utilise, et préférés par le système auteur utilisé pour la réalisation de l'application.

Capacité totale du CD-Rom = 650 Mo, soit :
400 000 pages de texte
1 heure de son en qualité Hifi
4 heures de son en qualité FM
16 heures de son en basse qualité
2 116 images non compressées en 640 x 480/256 couleurs
Plus de 20 000 images 640 x 480/256 couleurs compressées en JPEG
276 images non compressées en 768 x 1024 en millions de couleurs
1 heure de vidéo compressée en MPEG

Figure 4.16. *Volumes d'informations sur un CD-Rom*

Chapitre 5

Processus de production multimédia

Les vraies richesses sont les méthodes.
F. Nietzsche

La réalisation de produits multimédias destinés à l'entreprise est menée aujourd'hui dans la plupart des cas de façon artisanale, et sans recours à une méthode précise. La jeunesse de ce métier fait que les règles de l'écriture interactive restent à établir. Contrairement à la production audiovisuelle, ou à la gestion de projets informatiques, où l'on trouve des processus rigoureux et méthodiques, chaque société de réalisation multimédia a aujourd'hui, sa façon de faire, avec plus ou moins de chance de bon aboutissement des projets.

Les éléments de méthode que nous allons donner dans ce chapitre sont tirés de l'expérience acquise depuis déjà plusieurs années dans le domaine de la réalisation d'applications interactives en EAO. C'est en effet dans ce domaine que le multimédia est le plus mature, et que l'on peut suivre ou adapter un processus de production qui a fait ses preuves depuis plusieurs années.

5.1. Processus général de production et différentes variantes

Le processus de production proposé ici se déroule en une succession d'étapes, chaque étape donnant lieu à des fournitures validables par le client ou le commanditaire (cf. figure 5.1).

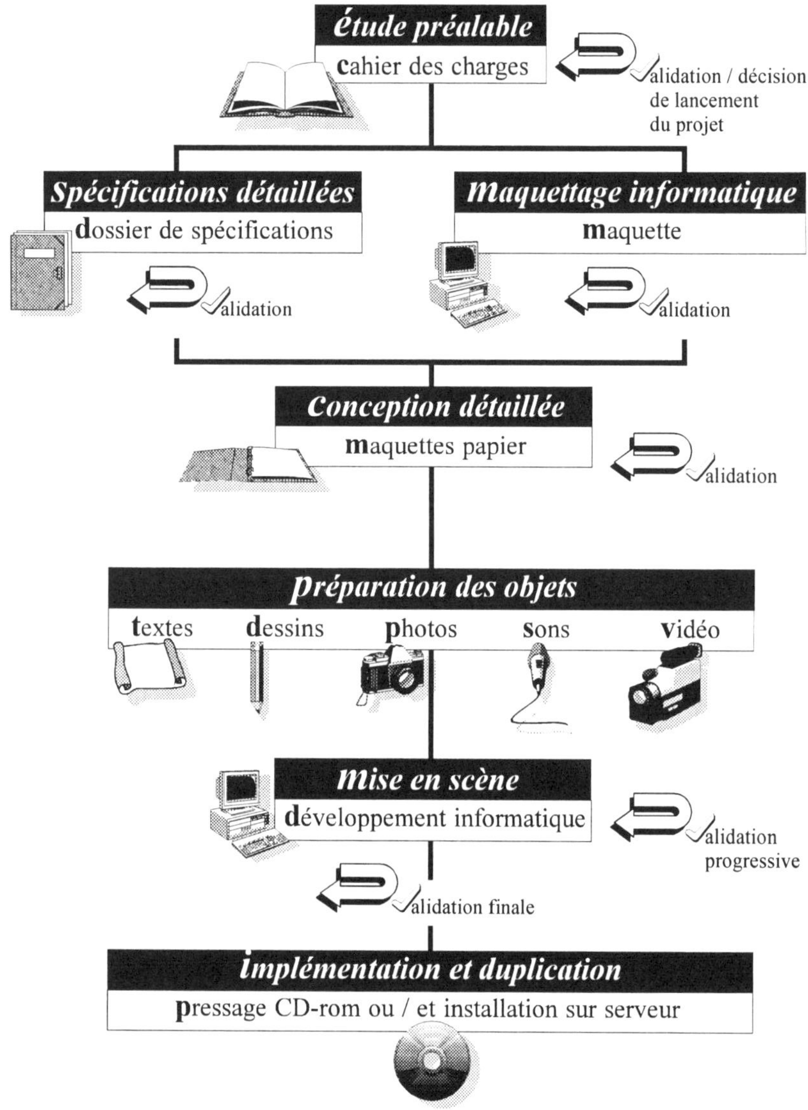

Figure 5.1. *Description générale du processus de production multimédia*

5.1.1. Description des différentes étapes

Etude préalable

L'étude préalable consiste essentiellement à poser les bonnes questions afin de déterminer si le multimédia apporte une solution au besoin exprimé. Si cette phase d'étude d'opportunité montre que le multimédia est effectivement une bonne solution, l'étude préalable devra définir le produit à réaliser dans les grandes lignes, cette description étant rédigée sous forme de cahier des charges. Celui-ci doit être suffisamment précis pour permettre de définir les moyens à mettre en œuvre et les budgets de réalisation.

Spécifications détaillées et maquette informatique

Ces deux étapes, souvent imbriquées, consistent à définir précisément tout ce qui va être commun à l'ensemble du produit et assurer sa cohérence. L'étape de spécifications comprend la création de la charte graphique et de la charte son du produit. La maquette informatique permet de concrétiser et de visualiser ces deux chartes.

Conception détaillée

L'étape de conception détaillée inclut la description complète du contenu du produit, ce qui peut être relativement long et complexe, en particulier dans le cas d'un produit pédagogique. Cette étape comprend d'autre part la conception plus spécifiquement multimédia avec la création de scénarios rédigés de façon détaillée sur une maquette-papier.

Préparation des objets (médias)

Cette étape consiste soit à collecter des objets-médias existants, soit à les créer de toute pièce : création graphique, composition musicale, etc.

Mise en scène (développement informatique)

On est ici au cœur même de la réalisation multimédia, puisque cette étape va consister à intégrer et mettre en scène tous les objets-médias préparés, en réalisant au moyen d'un logiciel spécialisé l'interactivité prévue dans le scénario.

Validation finale

Il est important, après avoir terminé la réalisation du produit, de procéder à une double validation de l'ensemble : validation avec des experts, qui vont vérifier que le contenu du produit est complet et exact, et validation avec le public cible pour vérifier que l'on atteint les objectifs fixés.

Implémentation et duplication

Une fois le produit terminé et validé, il est nécessaire de préparer sa diffusion soit en l'installant sur un serveur, soit en le dupliquant sur support CD-Rom.

Diffusion et suivi de l'utilisation

Ce serait une erreur de croire que le projet multimédia se termine avec le pressage du CD-Rom. Il est en effet nécessaire d'organiser la diffusion du produit, de procéder à son lancement et à son accompagnement dans l'entreprise, à la formation des « relais de diffusion » (par exemple les formateurs), et d'assurer le suivi de cette diffusion. Négliger cette phase de diffusion et de suivi amène parfois à voir des CD-Roms rester au fond des placards.

5.1.2. Déroulement du projet dans le temps

Dans la plupart des cas, il est possible afin de gagner du temps sur la durée du projet, de superposer certaines étapes de réalisation. En particulier la conception détaillée du produit peut donner lieu à un découpage des maquettes papier en chapitre, chacun d'eux pouvant donner lieu à une réalisation informatique dès sa conception terminée.

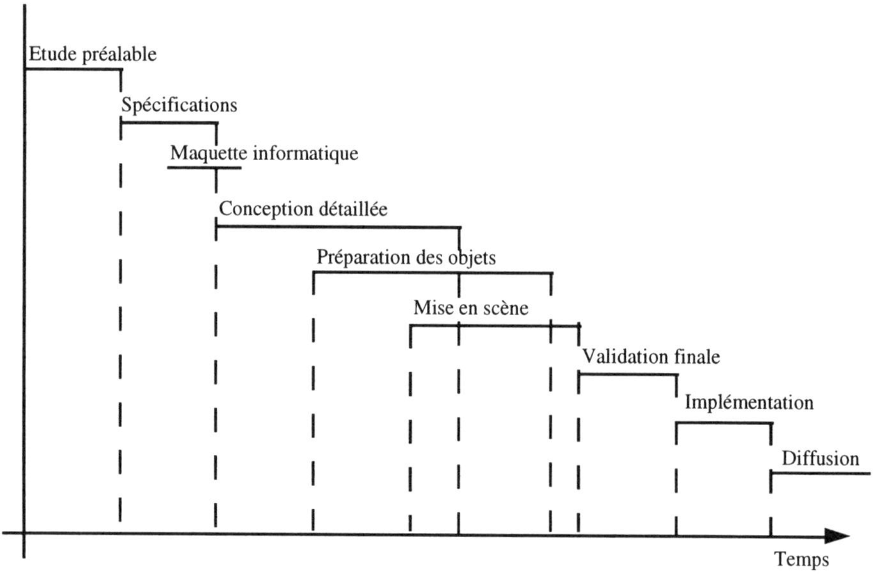

Figure 5.2. *Déroulement du projet multimédia dans le temps*

5.1.3. Variantes du processus et cas particuliers

Le processus de production décrit ci-dessus peut s'appliquer de façon générale à tous les projets multimédias. On rencontre toutefois certains cas particuliers pouvant donner lieu à des déroulements différents du processus :

Produit multimédia multilangue

Si l'application à réaliser doit être diffusée dans plusieurs pays, il est nécessaire de prévoir dès le début les aspects relatifs à la traduction et aux adaptations éventuelles pour chaque pays. Des adaptations peuvent en effet être nécessaires sur le plan du contenu du produit ou sur des variations du scénario, dû à des différences culturelles. Concernant la traduction des textes et des commentaires en voix-off, il est conseillé de procéder à celle-ci après la validation complète de la première version du produit.

Applications « mixtes » on-line et off-line

Si on souhaite que le produit multimédia soit diffusé à la fois en mode on-line, sur serveur Web par exemple, et en off-line sur CD-Rom, la conception détaillée devra bien entendu prendre en compte cette double diffusion. En effet, un même contenu doit dans ce cas être décliné sous deux formes, les deux modes de diffusion n'offrant pas les mêmes possibilités sur le plan de l'interactivité. D'autre part, l'étape de mise en scène sera menée à bien au moyen de deux outils informatiques différents mais pouvant intégrer les mêmes objets-médias, ce qui nécessitera beaucoup de rigueur au moment de la validation et des modifications du produit.

Multimédia pédagogique

Pour la réalisation d'un didacticiel multimédia, on attachera bien évidemment beaucoup d'importance à la conception pédagogique, qui fera partie de l'étape de conception détaillée. Dans l'idéal cette conception pédagogique doit être menée à bien en collaboration avec des pédagogues spécialistes du contenu et connaissant bien l'outil multimédia afin d'en exploiter au mieux les possibilités. D'autre part, l'étape de validation d'un multimédia pédagogique est en général relativement longue, car il est nécessaire de valider le produit avec des utilisateurs en situation d'apprentissage, cette validation pouvant dans ce cas donner lieu à des modifications substantielles du produit.

Journaux d'entreprise

Pour des applications multimédias à parution périodique, telles que les journaux d'entreprise, l'étape de conception détaillée aboutira à la mise en place d'une maquette réutilisable à chaque parution du produit. Pour chaque numéro, l'étape « préparation des objets-médias » sera renouvelée. L'étape « mise en scène » sera renouvelée partiellement (une partie de la logique de consultation et de navigation doit être réutilisable d'une parution à l'autre).

Applications de type Intranet

L'étude préalable inclura dans ce cas la conception et la description matérielle du réseau informatique utilisé. L'étape d'implémentation comprendra la création et l'installation du réseau s'il n'existe pas.

Bases de données multimédias

Une étape de conception de la base de données sera à prévoir dans ce cas, et devra être confiée à un spécialiste de ce domaine. L'accès de l'application multimédia à la base de données nécessitera l'utilisation d'outils logiciels spécifiques. Et enfin l'étape d'implémentation comprendra un travail éventuellement important de saisie des informations de la base de données.

Bornes interactives

La borne interactive étant elle-même un vecteur de communication, le projet comprendra, outre les étapes du processus décrit ci-dessus, la conception de la borne, ainsi que sa fabrication.

5.2. Equipe de réalisation multimédia

Les équipes mises en place pour la réalisation d'un produit multimédia sont constituées différemment selon qu'il s'agit d'un produit destiné à l'édition, suivant un processus de production proche de l'audiovisuel, ou de la création d'une application multimédia pour l'entreprise. C'est dans ce second cas que nous nous placerons ici en raisonnant en termes de fonctions à assurer, plus qu'en termes d'intervenants différents. En effet, dans la plupart des projets, l'équipe de réalisation est réduite à quelques personnes, une même personne assurant plusieurs fonctions distinctes. Cette limitation du nombre d'intervenants différents permet une meilleure efficacité de la production et évite les surcoûts liés à une inflation de la coordination du projet. Il est à noter enfin que l'équipe à mettre en place est différente suivant la nature du projet et les médias utilisés. Selon que le produit à réaliser inclut de la vidéo, des photographies ou des illustrations, des intervenants différents seront sollicités.

Pour chacune des fonctions données ci-dessous, et nécessaires à l'aboutissement d'un projet multimédia, plusieurs appellations sont souvent utilisées selon la culture d'origine de l'entreprise (audiovisuel, édition, informatique). Pour chacune de ces fonctions, nous donnons ci-dessous les appellations utilisées dans la réalisation d'applications multimédias pour l'entreprise avec entre parenthèses les termes souvent utilisés dans le multimédia éditorial.

Le client

Que ce soit véritablement le client de l'entreprise qui réalise, ou que ce soit un département ou un service de l'entreprise dans le cas d'une réalisation interne, le client est le personnage le plus important du processus. Dans tous les cas, le client doit participer au suivi du projet, à l'apport et à l'élaboration du contenu. Il doit donner son avis sur la charte graphique, la conception détaillée, et bien entendu, procéder à la validation progressive des éléments. Il joue en outre un rôle de premier plan au niveau de la validation finale et de la diffusion du produit.

Architecte multimédia (Producteur exécutif)

Il s'agit du maître d'œuvre du projet. Il assure les études préalables : étude d'opportunité, cahier des charges, conception globale de la solution correspondant aux besoins du client. L'architecte multimédia fait appel à différents intervenants qu'il guide pour la conception de l'ergonomie et de la charte graphique de l'application, en fonction des besoins et de la culture du client. Il fait les choix techniques en accord avec le directeur technique, sélectionne les différents prestataires les mieux adaptés à la nature du projet, et coordonne leurs interventions. L'architecte multimédia est le principal interlocuteur du client, et assume vis-à-vis de lui l'entière responsabilité du projet.

Chef de projet (Réalisateur)

La fonction de chef de projet est centrée essentiellement sur la coordination des différents intervenants. Dans la pratique, le chef de projet participe également souvent à la conception générale du produit. Le chef de projet doit être expérimenté et avoir une connaissance pratique de toutes les étapes du processus de production et de toutes les technologies mises en œuvre.

Experts du contenu, Documentalistes, Pédagogues

Les experts du contenu définissent de façon précise le contenu du produit à réaliser. Dans la plupart des cas, ils font partie de l'entreprise cliente ou sont mandatés directement par le client. Dans le cadre de la définition du contenu, ils se chargent également de la collecte des informations pouvant exister dans l'entreprise. Dans le cas particulier d'un didacticiel multimédia, les pédagogues définissent précisément les objectifs pédagogiques visés, les contenus de formation et les stratégies pédagogiques adaptées au contenu et au public.

Concepteur multimédia (Scénariste ou Designer d'interactivité)

Le concepteur est chargé essentiellement de transformer les contenus exprimés par les experts pour les mettre sous une forme interactive utilisant au mieux les potentialités du multimédia. Dans le cas de didacticiel multimédia, le concepteur participe à la conception pédagogique avec les pédagogues ou experts du contenu. D'autre part, le concepteur doit participer à l'élaboration de l'ergonomie générale du produit et de la charte graphique en collaboration avec le responsable graphique et, le cas échéant, l'ergonome. Enfin, il assure la conception détaillée jusqu'à la production des maquettes papier de l'application et, le cas échéant, du story-board de la vidéo en collaboration avec le réalisateur vidéo.

Personnage clé dans le processus, le concepteur multimédia doit bien connaître les contraintes liées au support de diffusion, qu'il s'agisse de CD-Rom ou de diffusion par réseau. Il doit connaître également précisément les fonctionnalités des outils logiciels et des matériels cibles. Mais surtout, le concepteur doit maîtriser parfaitement les techniques de l'interactivité et être suffisamment créatif pour ne pas procéder simplement à la transposition d'un contenu sur un support, mais bien faire preuve d'imagination pour utiliser au mieux les possibilités du multimédia.

La conception multimédia est donc un véritable métier, et ne doit être confiée ni aux experts du contenu, ni aux pédagogues, habitués à la conception d'un support non interactif, et encore moins à des informaticiens.

Ergonome

La mise au point de l'ergonomie et de la charte graphique de l'application multimédia nécessite une expérience sur le plan de l'ergonomie des applications informatiques. Malheureusement, peu de sociétés de réalisation font effectivement appel à de tels spécialistes, et la plupart du temps, le concepteur multimédia joue le rôle d'ergonome.

Responsable graphique (Directeur artistique)

Il met au point la charte graphique en collaboration avec le concepteur multimédia, puis encadre les infographistes et éventuellement les photographes, donc il coordonne la réalisation tout en veillant au respect de la charte graphique et à la cohérence d'ensemble du produit sur le plan visuel.

Graphiste ou Illustrateur ou Infographiste (Designer graphique)

Un ou plusieurs infographistes peuvent participer à l'élaboration du produit en réalisant les dessins, illustrations, et schémas techniques le cas échéant. L'infographiste est également chargé de réaliser les animations graphiques et procède la plupart du temps à la numérisation des photographies. Il assure d'autre part le travail de retouche et de recadrage des photographies numérisées.

Directeur technique

Cette fonction est à distinguer de la fonction de développeur ou de programmeur. Le directeur technique, ou ingénieur informaticien, est chargé de valider les choix techniques faits au niveau du cahier des charges, et de mettre en place, le cas échéant, des solutions techniques différentes des configurations habituelles. C'est le cas par exemple d'applications multimédias fonctionnant en réseau et permettant une interactivité de groupe. C'est le cas également pour des applications de bornes interactives devant communiquer avec un serveur. Le directeur technique assure d'autre part la supervision du travail des informaticiens, et joue un rôle particulièrement important pour la mise au point technique de l'application avant sa validation avec le client.

Informaticien ou Programmeur ou Développeur informatique

Le développeur intègre les éléments multimédias créés par les spécialistes de chaque média, et programme la logique de l'application, les fonctionnalités de navigation, les interactions, etc. Certains outils de création multimédia sont particulièrement simples à utiliser et ne nécessitent pas de connaissance de la programmation. Dans ce cas, le développement de l'application peut être assuré par un intervenant non spécialiste de l'informatique. Cependant, le recours à l'informaticien est précieux pour réaliser les applications à forte interactivité, sortant de la simple arborescence et incorporant des composantes ludiques. La programmation est aussi souvent utile pour exploiter au mieux les possibilités des matériels et des systèmes d'exploitations, ainsi que pour optimiser le déroulement de l'application et la mise en œuvre des ressources multimédias. Dans certains cas, il est même nécessaire d'écrire des interfaces logicielles pour faire communiquer l'application multimédia avec une carte particulière. Enfin, l'informaticien est le mieux placé pour garantir les meilleures solutions sur le plan technique.

Photographe

Dans certains projets, qui nécessitent la création de photographies, on aura recours à un photographe pour procéder à des prises de vues de type reportage, associées éventuellement à des recherches iconographiques. Dans le cas où l'on procède à un tournage vidéo, le photographe sera présent lors du tournage afin de procéder à des prises de vues fixes complémentaires des séquences vidéo.

Ingénieur du son et Studio son

L'ingénieur du son fait rarement partie de l'entreprise réalisatrice du multimédia. Il est plutôt intégré au studio son, auquel on fera appel pour l'enregistrement des voix-off et des musiques. L'ingénieur du son sera donc chargé de procéder à ces enregistrements et dirigera les comédiens en collaboration avec le concepteur multimédia. Le cas échéant, l'ingénieur du son peut procéder à la numérisation des sons sous forme de fichiers informatiques.

Comédiens

Tous ceux qui ont fait l'expérience de créer un produit multimédia en intégrant des voix enregistrées de façon artisanale, savent que le son ne supporte pas la médiocrité. Il est absolument nécessaire de faire appel à des « speakers » pour les voix-off. Pour la plupart des applications, le nombre de speakers est limité à deux ou trois personnes. Dans certains cas de multimédia de prestige, on pourra faire appel à une voix célèbre qui donnera un plus au produit. Mais dans la plupart des cas, le recours à des comédiens non connus du grand public, mais professionnels, sera la meilleure solution. On fera appel à ces comédiens pour l'enregistrement des voix-off en studio, pour le tournage vidéo et pour la postproduction éventuelle.

Réalisateur vidéo

Dans le cas où le produit multimédia nécessite un tournage vidéo, il est recommandé de faire appel à un réalisateur qui participe à la conception du story-board avec le concepteur multimédia. Il assure d'autre part l'encadrement de l'équipe de tournage et le montage des séquences vidéo devant être numérisées.

Equipe de tournage vidéo

Elle est composée le plus souvent d'un ou deux cadreurs, d'un preneur de son et d'un éclairagiste (ou directeur de la photo). Contrairement à ce qui a été dit précédemment pour le son, la vidéo peut être réalisée dans certains cas, sans faire appel à des comédiens professionnels. Le personnel de l'entreprise peut parfois être mis à contribution de façon très efficace. Ce choix, entre comédien professionnel ou intervenant de terrain, est laissé à l'initiative du réalisateur vidéo.

Spécialiste de la vidéo numérique

Le passage des séquences vidéo montées après tournage, à l'obtention de fichiers informatiques contenant la vidéo numérisée et compressée est un véritable métier. Il s'agit là d'un travail de spécialiste disposant de matériels et de logiciels de haute qualité, lui permettant de procéder à la numérisation et à l'encodage selon le format de compression choisi lors de la phase de spécifications détaillées. Ce spécialiste de la vidéo numérique peut d'autre part, être chargé du montage vidéo lorsqu'on choisit de faire un montage directement en numérique.

Divers intervenants extérieurs

Selon la nature du projet, il sera fait éventuellement appel à différents intervenants : compositeur de musique, musiciens, agences de photo, traducteurs, experts particuliers d'un domaine, sociétés de pressage de CD-Rom, etc.

Fonctions / Tâches	Architecte multimédia	Chef de projet	Experts du contenu Pédagogues	Concepteur Multimédia	Ergonome	Responsable graphique	Graphiste Illustrateur	Directeur Technique
Maîtrise d'œuvre	x							
Etude préalable cahier des charges	x	x	x					x
Supervision et coordination	x	x						
Spécifications et choix techniques	x	x						x
Conception solutions techn. particulières	x			x				x
Conception ergonomique charte graphique	x	x		x	x	x	x	
Maquette informatique		x		x	x	x	x	x
Conception contenu	x	x	x	x				
Conception créative				x		x	x	
Story-board vidéo				x				
Ecriture des textes			x	x				
Ecriture voix-off				x				
Création Musique								
Enregistrement et numérisation son								
Graphismes illustrations						x	x	
Anim. graphiques							x	
Photographie						x		
Num. et retouche photo							x	
Tournage et montage vidéo								
Num. et encodage vidéo								
Développement informatique								x
Validation	x	x	x	x	x	x	x	x
Localisation			x	x		x		x
Pressage								x
Diffusion	x	x	x	x				x

Figure 5.3. *Répartition des tâches aux intervenants de l'équipe multimédia (1re partie)*

Fonctions / Tâches	Informaticien Programmeur	Photographe	Ingénieur du son et Studio son	Comédiens	Réalisateur vidéo	Equipe tournage vidéo	Spécialiste vidéo numérique	Divers extérieurs
Maitrise d'œuvre								
Etude préalable cahier des charges								
Supervision et coordination								
Spécifications et choix techniques								
Conception solutions techn. particulières								
Conception ergonomique charte graphique								
Maquette informatique	X							
Conception contenu								
Conception créative								
Story-board vidéo					X			
Ecriture des textes								
Ecriture voix-off								
Création Musique								Compositeur
Enregistrement et numérisation son			X	X				
Graphismes et illustration								
Animations graphiques								
Photographie		X						Agences
Num.et retouche photo		X						
Tournage et montage vidéo		X		X	X	X		
Num. et encodage vidéo							X	Encodage
Développement informatique	X							
Validation	X							
Localisation	X							Traducteur
Pressage								Pressage
Diffusion								

Figure 5.3. *Répartition des tâches aux intervenants de l'équipe multimédia (2e partie)*

5.2.1. Management d'une équipe multimédia

Les fonctions énumérées précédemment et permettant de mener à bien le projet, sont souvent cumulées par une même personne : le chef de projet peut être lui-même concepteur multimédia, le directeur technique participe à la programmation, l'infographiste est également photographe, voire musicien ! La composition de l'équipe varie en fonction du type d'application, du contenu du produit et des médias utilisés. Certains cas particuliers nécessitent d'autre part le recours à d'autres intervenants, par exemple, le spécialiste réseaux pour les applications on-line, la direction informatique de l'entreprise pour des applications de bases de données, ou encore un concepteur de jeux, lorsque le produit à réaliser a une dimension ludique. Le management d'une telle équipe pluridisciplinaire n'est pas sans difficultés. Il est en effet primordial, pour réussir, que les différents intervenants apprennent à travailler ensemble et à communiquer de façon très précise alors qu'ils viennent de mondes et de cultures différents.

Une difficulté importante du management d'une équipe multimédia est liée à la nouveauté des métiers. Cette nouveauté fait qu'il est relativement difficile de recruter aujourd'hui des intervenants dotés d'une formation solide et expérimentés. Beaucoup de réalisations multimédias sont menées avec la participation d'intervenants qui ont acquis une expérience dans leur métier d'origine, mais pour qui le multimédia est une approche nouvelle. Le risque est alors d'avoir une approche trop similaire à celle des moyens de communication non interactifs, alors que le multimédia nécessite justement de repenser la communication de façon spécifique. La nouveauté du multimédia, le manque d'expérience de certains développeurs, et la nouveauté des outils utilisés, font parfois que le produit multimédia obtenu ressemble plus à une démonstration du logiciel de création, mettant en œuvre le maximum de gadgets et d'effets visuels clinquants, au détriment d'une bonne ergonomie et d'une bonne lisibilité. Ce n'est qu'avec l'expérience que les concepteurs et les réalisateurs pourront tirer profit de l'interactivité, en réalisant des applications plus sobres sur le plan visuel et plus adaptées à leurs objectifs.

Une autre difficulté importante du management de l'équipe multimédia réside dans l'antagonisme entre créativité et rigueur : le multimédia est une affaire de créativité. Le chef de projet ou l'architecte multimédia ne doivent pas briser la créativité qui s'exprime chez les concepteurs ou les infographistes, mais ils doivent en canaliser les effets. Ceci est primordial pour parvenir à l'aboutissement du projet dans les limites de temps et de budget prévus. Toute la créativité mise à la disposition du projet doit également être associée à la plus grande rigueur dans la gestion du projet, comme dans tout développement informatique.

5.3. Etape 1 : cahier des charges

Il est relativement rare qu'une entreprise souhaitant réaliser un produit multimédia sache exactement ce qu'elle veut, ce dont elle a besoin, et soit capable de soumettre un cahier des charges finalisé à un prestataire chargé de la réalisation. C'est dans ce cas que peut intervenir l'architecte multimédia, qui va aider l'entreprise commanditaire à formaliser son besoin et à rédiger un cahier des charges précis. Cette phase d'étude préliminaire est primordiale pour le bon déroulement du projet, et sans cahier des charges précis, le projet risque fort d'être une aventure aboutissant à un produit mal adapté au besoin.

5.3.1. Etude d'opportunité : quelques questions essentielles

Il est primordial dès le début de l'étude, de déterminer quel est le besoin réel de l'entreprise. C'est parfois une difficulté importante lorsqu'on a affaire à un client qui pressent que le multimédia va lui apporter quelque chose, mais sans être capable d'exprimer précisément quels sont ses objectifs. Il est fondamental ici de répondre aux questions : Le multimédia est-il la bonne réponse au besoin ? Ne pourrait-on pas envisager plutôt des moyens de communication plus conventionnels, moins coûteux et plus adaptés à la situation ? Que va apporter réellement un produit multimédia ? Quel va être le « plus » par rapport à une documentation papier, une affiche ou une cassette vidéo ? Quel va être le coût de création et d'exploitation par l'utilisateur ? Comment va se faire l'évolution du produit multimédia ? Devra-t-on faire appel à une société spécialisée pour la création du produit, et pour son évolution ? Ou au contraire, l'évolution du produit peut-elle être prise en charge en interne ?

Ce n'est qu'en répondant de manière réaliste à un grand nombre de questions parfois embarrassantes, que l'on pourra évaluer l'opportunité de la mise en œuvre d'un projet multimédia.

5.3.2. Eléments devant figurer au cahier des charges

Le plan de cahier des charges donné ci-dessous est fourni à titre indicatif, et doit être adapté et complété selon les caractéristiques spécifiques du projet que l'on veut mettre en œuvre.

Définition générale du besoin et du contexte du projet

Il s'agit ici de faire préciser au demandeur son besoin réel, de bien comprendre le besoin et parfois les souhaits non avoués !

Etude critique de l'existant et recherche des documents de référence et médias existants (plaquettes éditées, CD-Rom déjà réalisés).

Définition du public ou des publics visés

A qui va-t-on s'adresser avec ce produit ? Comment peut-on avoir l'approche la plus adaptée au public, en matière de langage, de style...

Définition des objectifs du produit

Quels objectifs a-t-on réellement avec le produit multimédia qu'on veut réaliser ? On ne peut pas aboutir à un produit efficace si on n'a pas défini clairement les objectifs.

Définition générale du contenu du produit

Quelle « matière » allons nous mettre dans le produit ? Détermination des types d'informations nécessaires aux publics visés et à fournir dans le CD-Rom

Identification du parc matériel auquel s'adresse le produit

Plusieurs cas peuvent se présenter :

– Utilisation d'un parc existant homogène : c'est le cas d'une entreprise dont l'équipement micro-informatique est relativement récent, et qui a mis en place une politique de normalisation des équipements. Dans ce cas, et dans la mesure ou le parc existant est compatible avec une application multimédia, l'utilisation des configurations en place implique nécessairement des contraintes au niveau du développement de l'application et du choix des outils à utiliser.

– Utilisation d'un parc hétérogène : lorsque l'entreprise dispose de matériels micro-informatiques différents, la prise en compte des différentes configurations risque fort d'aboutir à un nivellement par le bas de l'application multimédia. C'est le cas par exemple lorsqu'on impose de prendre en compte des configurations existantes ne disposant pas de carte sonore.

– Diffusion externe du produit : dans le cas par exemple ou l'entreprise souhaite réaliser un catalogue multimédia qui sera diffusé auprès de ses clients. Il est nécessaire dans ce cas de connaître le parc existant chez les clients, et d'évaluer son évolution à court et moyen terme. Les normes MPC1, MPC2 et MPC3 peuvent dans ce cas servir de points de repère pour la diffusion du produit.

– La configuration de la machine cible doit être définie dans le cadre du projet multimédia : c'est la situation la plus confortable puisqu'on peut définir la configuration nécessaire pour faire tourner l'application que l'on prévoit de réaliser. Il est toutefois nécessaire dans cette définition de configuration de respecter les principes de réalité inhérents à toute entreprise, et en particulier les aspects relatifs au budget. Le choix de la technologie mise en œuvre devra nécessairement faire l'objet d'une réflexion poussée et de discussions approfondies avec les responsables de l'entreprise : le choix de la technologie et du support dépend en fait du mode de diffusion envisagé. On ne pourra pas choisir entre un développement pour CD-Rom Windows ou CD-Rom Macintosh ou CD-I, ou encore Internet, si l'on n'a pas défini la meilleure façon de diffuser le produit.

Le mode de diffusion du produit devra être pris en compte de façon permanente, y compris pour certains choix techniques, par exemple concernant les taux de compression des séquences vidéo que l'on va intégrer dans le produit.

Au niveau du cahier des charges, le choix de la plate-forme de diffusion ne doit jamais faire l'objet d'à priori : on ne négligera pas par exemple le recours à une solution moins courante, comme par exemple la solution Portfolio sur Photo-CD, pour une application de type diaporama interactif.

Définition générale de la stratégie et du style de communication en fonction du public et des objectifs

Evaluation du temps de consultation par l'utilisateur

Le temps de consultation est parfois une contrainte importante à prendre en compte au niveau de la conception : par exemple dans le cas d'une consultation de borne, de présentation d'un nouveau produit, on devra condenser les messages pour une consultation dans un temps très limité.

Première approche de description des médias utilisés

Quel style, quel rôle attribuer aux médias ? Compte tenu des objectifs visés, du public et du contenu informatif du produit, allons nous plutôt utiliser des photographies, des illustrations... ? Les dessins seront-ils plutôt schématiques ou au contraire de type artistique ou encore de style Bande dessinée ? Comment le son sera-t-il utilisé pour renforcer le message ? La vidéo est-elle utile dans ce produit ?

Modalités d'exploitation et diffusion du produit

Comment va-t-on diffuser le produit ? Sur CD-Rom ? Distribué gratuitement ? vendu ? Par l'intermédiaire d'un réseau ? Quel réseau : réseau « classique » de l'entreprise ? Internet ? Intranet ?

Définition du processus de conception

Description de l'équipe de conception à mettre en place. Comment organiser la collaboration entre le concepteur, les experts du contenu et les responsables impliqués dans l'entreprise ?

Réalisation du produit

Qui va réaliser ? Cette réalisation peut-elle donner lieu à la constitution d'une équipe en interne dans l'entreprise ? Ce choix ne peut être intéressant que dans le cas d'une politique de production multimédia à long terme. En effet, la compétence et l'expérience sont relativement longues à acquérir, et les premières réalisations risquent fort d'être dotées de quelques « erreurs de jeunesse ». Si par contre on souhaite faire appel à une société spécialisée, quels seront les critères de choix ? Quelles procédures allons-nous mettre en place pour suivre efficacement le déroulement du projet ?

Processus de validation à mettre en place

Comment organiser la validation progressive des éléments par les experts du contenu et l'interlocuteur du client ?

Evaluation de la réalisation

Intervenants, coûts, délais, ressources matérielles et ressources externes... Evaluation des charges de travail et plannings. Ce n'est qu'après cette phase d'étude préalable que l'on peut avec précision cerner le budget de la réalisation et proposer un planning réaliste.

5.3.3. Aspects particuliers concernant un multimédia de formation

Dans le cas particulier d'un multimédia de formation, le cahier des charges devra comporter, en plus des points précédents, les éléments suivants :

– Etude des formations existantes, des supports de cours et autres outils pédagogiques ;
– Définition des prérequis pour suivre le module multimédia ;
– Définition des objectifs pédagogiques de la formation et de leur évaluation ;
– Définition du contenu pédagogique pour atteindre les objectifs fixés ;
– Evaluation de la durée moyenne de formation au moyen du didacticiel ;
– Stratégie pédagogique : recherche de l'approche pédagogique la plus adaptée au public et aux objectifs ;
– Modalités de diffusion du produit multimédia : faut-il concevoir un dispositif d'ensemble (environnement du didacticiel multimédia), formation démultipliée, formation des formateurs, etc.

5.4. Etape 2 : spécifications détaillées

L'étape de spécifications détaillées consiste essentiellement à préciser et à détailler le cahier des charges afin de préparer la production de façon rigoureuse. Le travail de spécifications aboutit à un document – le dossier de spécifications détaillées – qui constitue une référence pour toute la suite de la réalisation. Ce document doit donc être rédigé de façon très précise et doit formaliser les points suivants, s'ils ne l'ont pas été au niveau du cahier des charges :

Conception du scénario d'ensemble

Découpage en thèmes, arborescence (création du sommaire)

Evaluation des durées de consultation par thème et par chapitre

Etude et définition du contenu de chaque thème en fonction des objectifs (Synopsis)

Description des démarches mises en œuvre et des différents cheminements (graphe, hypernavigation,...)

Choix et description des médias utilisés

Choix en matière de graphisme (style...)

Collecte des informations et médias utilisables

Evaluation des besoins en médias à rechercher ou à créer :

- Vidéo : quantité, style, moyens de tournage,
- Photos : quantité, prises de vues à faire ?
- Son : musique, bruitages, voix-off, nombre de comédiens...

Calculs d'espace disque ou CD-Rom nécessaire en fonction des quantités de médias envisagées et de la qualité

Les modalités de diffusion du produit vont influencer les choix en matière de qualité de son, de fréquence d'échantillonnage, de définition d'image, etc. Prévoit-on, pour optimiser les temps de réponse, une recopie sur disque dur de certains éléments du CD-Rom au moment de l'installation ?

Définition précise de la configuration matérielle utilisateur

S'il est utile dans le produit d'avoir des séquences vidéo, c'est ici que va se faire le choix du mode de compression et de diffusion, en répondant en particulier aux questions primordiales : Peut-on prévoir dans la configuration utilisateur une carte de décompression MPEG ? Au contraire doit-on impérativement faire de la décompression logicielle ? Dans ce cas quel est le taux de compression qui convient à la qualité de vidéo dont on a besoin ? Quel sera la puissance nécessaire au processeur pour restituer correctement les séquences vidéo ?

Définition précise de l'ergonomie de l'application

Description de l'interface utilisateur, description détaillée de la charte graphique, grille de découpage de l'écran. La charte graphique, mise au point par le responsable du graphisme, sera représentée concrètement dans l'étape de maquette informatique décrite plus loin.

Description détaillée de l'exécution des requêtes et des fonctions disponibles à l'utilisateur

Description des fonctionnalités multimédias pour la vidéo, le son...

Définition du processus d'identification de l'utilisateur et des informations de suivi à enregistrer

Choix des outils de développement pour la réalisation

Détermination des formats de fichiers utilisés pour les différents médias

Nomenclatures des objets utilisés (fichiers, noms internes)

Une nomenclature rigoureuse est indispensable si on veut avoir un processus de production méthodique et fiable et afin de faciliter la maintenance et l'évolution du produit.

Mise au point des documents de travail : bordereaux de conception détaillée, fiches de validation,...

Planning détaillé de production

5.4.1. Cas particulier d'un multimédia de formation

Outre les points abordés précédemment, l'étape de spécifications détaillées d'un didacticiel doit préciser :

– Définition précise des publics/Etude des populations/Description des tâches et responsabilités ;
– Définition des objectifs pédagogiques, découpage en sous-objectifs, arborescence ;
– Structuration d'ensemble du produit en fonction des objectifs (organisation et contenu des différentes parties, création du sommaire) ;
– Evaluation des durées de formation par module et par chapitre ;
– Description des démarches pédagogiques mises en œuvre et des cheminements.

5.5. Etape 3 : maquette informatique

On attribue souvent à l'étape de maquette informatique un rôle de validation des solutions techniques mises en œuvre. Cet aspect de validation des choix techniques est parfois utile à cause du manque d'expérience dans la réalisation multimédia, par exemple pour une entreprise qui démarre son premier projet. Mais cette validation est également essentielle à cause de l'évolution rapide des caractéristiques matérielles et de l'évolution des outils de développement. Une maquette, c'est aussi « une représentation à échelle réduite, mais fidèle dans ses proportions et son aspect ». La maquette doit donc préfigurer le produit final de la façon la plus fidèle possible. La maquette informatique permettra de proposer au différents responsables impliqués de l'entreprise une ergonomie et une charte graphique. La maquette permettra également de mettre en place et tester les règles qui vont assurer la cohérence d'ensemble du produit sur le plan de l'interactivité et de l'usage de chaque type de média.

Cette phase de maquette est primordiale pour le bon déroulement du projet. Contrairement à ce que l'on pourrait penser, la maquette n'est jamais une perte de temps, lorsqu'elle a comme objectif de fixer les règles à suivre en matière d'ergonomie et de charte graphique. La maquette réalisée pour le client peut éventuellement être gravée sur CD-Worm pour une démonstration plus aisée et pour vérifier les délais de réponse liés au temps d'accès du lecteur de CD-Rom. Il sera utile dans ce cas d'utiliser un lecteur de CD-Rom de même vitesse que celui de la configuration utilisateur qui a été définie.

5.6. Etape 4 : conception détaillée

Le travail de conception détaillée se déroule en deux temps : définition ou acquisition du contenu du produit (recueil de l'expertise), puis conception créative détaillée destinée à mettre ce contenu sous une forme interactive.

5.6.1. Acquisition du contenu et recueil de l'expertise

La phase de recueil de l'expertise est différente selon les projets. Elle peut être très simple, par exemple dans un produit multimédia de présentation des activités d'une société. Elle peut au contraire nécessiter des semaines de travail pour un groupe de plusieurs personnes, lorsqu'il s'agit de décrire des processus informels de l'entreprise ou des savoir-faire à intégrer dans un multimédia de formation. Le contenu du produit peut être rédigé sous différentes formes, et l'on parle souvent ici du « script » comme étant une description textuelle du contenu avec, le cas échéant, certaines idées de scénarisation.

5.6.2. Conception créative détaillée

Cette phase est sans doute un des passages les plus délicats du projet : c'est là que le concepteur multimédia doit réussir à transformer un contenu bien défini pour le mettre sous une forme interactive et attrayante. Il y a dans ce travail de conception une transformation du contenu en un scénario utilisant un langage adapté au public visé et sous une forme interactive exploitant les possibilités du multimédia, afin d'atteindre les objectifs fixés. Dans la conception des produits multimédias de formation, les concepteurs sont habitués à attacher beaucoup d'importance au public visé, et parviennent aisément à transformer un contenu parfois austère, en un langage simple, approprié à ce public. Dans les produits multimédias de communication, tels que bornes interactives, il semble que l'on attache parfois moins d'importance au public que l'on cherche à toucher. Il est pourtant tout aussi fondamental, dans un produit de communication, d'adopter un langage approprié au public visé et au type de communication que l'on veut instaurer avec l'utilisateur.

Le travail de conception créative détaillée va aboutir à la rédaction du scénario détaillé présenté sous forme de « maquettes-papier ». La maquette-papier consiste à décrire dans un document, tout le déroulement de l'application, écran par écran, en décrivant tous les médias utilisés, mais également toutes les interactions possibles entre l'utilisateur et le produit (questions, analyses de réponses, etc.). Les concepteurs multimédias ne travaillent pas tous de cette façon. Certains formalisent peu leur scénario et se contente d'un story-board rapidement griffonné pour passer ensuite rapidement à la création graphique sur ordinateur. La rédaction d'une maquette-papier rigoureuse et très détaillée est toutefois primordiale pour plusieurs raisons :

– Il est plus aisé d'être réellement créatif avec un papier et un crayon que sur un écran d'ordinateur. La barrière matérielle est un frein à l'expression rapide et à l'enchaînement des idées. Le concepteur sera donc plus créatif et plus efficace s'il travail sur papier au lieu de procéder directement au développement sur micro-ordinateur.

– La maquette-papier écrite de façon rigoureuse permet de répartir la réalisation sur plusieurs développeurs et donc d'optimiser les temps de développement et la qualité du produit obtenu.

– Enfin, la maquette-papier est un outil essentiel pour valider la conception, soit en interne (validation par un concepteur des maquettes-papier créées par un autre concepteur), soit avec les experts du contenu.

5.6.3. Maquette-papier ou story-board ?

Traditionnellement, le story-board utilisé en diaporama ou en vidéo est linéaire, séquentiel, non interactif. Le terme de maquette-papier désigne un document bien différent du story-board, puisqu'il contient la description de toutes les possibilités de navigation, des questions posées à l'utilisateur, des analyses de réponse, etc. Par contre, la désignation « story-board » sera réservée à la conception de séquences vidéo ou de séquences de type diaporama, devant être intégrées dans l'application multimédia. Le story-board vidéo prévoit le découpage précis des séquences en plans afin de préparer au mieux le tournage vidéo. Le story-board contient également les textes des comédiens. La validation des maquettes-papier et des story-boards, doit être absolument effectuée de manière détaillée, même si c'est une tâche considérée comme fastidieuse et un peu rébarbative (il est parfois frustrant de valider sur papier des choses qui vont « tourner » de façon interactive et animée sur écran).

5.6.4. Eléments de méthode de conception

Il n'existe pas actuellement de réelle méthode de conception ni de méthode de production industrielle en multimédia. Les méthodes de travail, ou plutôt les pratiques des différents intervenants du multimédia, sont souvent très liées à leur métier d'origine. Y compris dans les sociétés spécialisées dans la réalisation multimédia, on constate que les sociétés d'origine audiovisuelle, n'ont pas du tout la même façon de travailler ni le même mode de production que les sociétés issues de l'informatique ou de la presse. La méthode de travail varie donc en fonction de l'origine des intervenants, mais également en fonction du type de produit à réaliser. On ne s'y prendra pas de la même façon pour réaliser une borne interactive d'information touristique, un CD-Rom culturel sur le musée d'Orsay, un module de formation destiné à des techniciens dans le domaine pétrolier, ou encore un CD-Rom ludo-éducatif destiné à des enfants de 5 ans.

La conception multimédia exige une grande créativité. Cependant, l'écriture nécessite de travailler avec rigueur et méthode et impose de guider et de canaliser cette créativité. Les éléments de méthode proposés ici sont destinés à travailler de façon plus méthodique et plus organisée tout en respectant la créativité. Cette façon de travailler a ses fondements dans la *pédagogie par objectifs*, qui est souvent pratiquée dans la conception de produits multimédias destinés à la formation ou à l'éducation. Contrairement à la *pédagogie par contenu* couramment pratiquée dans notre système éducatif, la pédagogie par objectifs s'attache à vérifier ce que l'apprenant est capable de faire après avoir suivi une formation. Alors que la pédagogie par contenu précise ce qui doit être vu, étudié, appris, abordé par l'apprenant, la pédagogie par objectif nécessite de préciser ce que l'apprenant fera ou saura faire à l'issue de sa formation. Un formateur qui pratique la pédagogie par objectifs doit avant tout énoncer l'objectif qu'il fixe à ses apprenants :

- « L'apprenant sera capable de réparer un amplificateur » ;
- « L'apprenant sera capable de rédiger une note de synthèse en une page » ;
- « L'apprenant sera capable de calculer la marge brute ».

Ce n'est qu'après avoir défini de tels objectifs que le formateur ou le concepteur peut en déduire les moyens nécessaires à l'atteinte de ces objectifs par les apprenants. Ce n'est donc qu'après avoir défini les objectifs de la formation que l'on précise le contenu, les méthodes et les activités mises en œuvre dans cette formation. La formation professionnelle, pratiquée avec le souci de rendre les apprenants opérationnels à l'issue de leur formation, est un cadre privilégié pour la mise en œuvre de la pédagogie par objectifs. Il est en effet plus intéressant, lorsqu'on recherche l'efficacité de la formation, de juger en termes de résultats plutôt que de privilégier le contenu et les moyens mis en œuvre. Cette approche par objectifs, qui a fait ses preuves pour la conception de multimédias pédagogiques, peut être utilisée avec profit, aussi bien pour un produit de communication, de présentation d'entreprise, ou d'aide à la vente. Le fait de travailler par objectifs ne peut être que positif, et ne peut qu'accroître les chances d'aboutir à un message pertinent.

Dans la méthode proposée ici, le concepteur doit :

– Lister les objectifs assignés au produit, en les énonçant clairement et sans ambiguïté (la méthode de la pédagogie par objectifs est très rigoureuse sur ce plan) ;
– Structurer les objectifs énoncés sous forme d'un synoptique décrivant d'éventuelles successions logiques entre les objectifs. Chaque objectif correspond à un *module* de l'application multimédia ;
– Décomposer chaque objectif en « objectifs intermédiaires » clairement énoncés, puis ordonner les objectifs intermédiaires selon un synoptique. Chaque objectif intermédiaire va constituer un *bloc* ;
– Réitérer si nécessaire cette décomposition des objectifs en sous-objectifs ;
– Pour chaque « bloc », procéder à la conception créative elle-même, avec comme ligne directrice : « comment procéder pour atteindre de façon la plus interactive possible l'objectif affecté à ce bloc ? » ;
– Un bloc va ainsi donner naissance à une ou plusieurs « scènes » mettant en jeu différents médias et différentes interactions. C'est ici qu'est la difficulté essentielle de la conception multimédia, qui demande un processus mental différent de la conception des supports non interactifs. La conception d'un livre ou d'un film consiste à exposer un contenu, exprimer des idées, expliquer, argumenter, les pages ou les scènes s'enchaînant successivement entre elles dans un ordre logique et chronologique. Au contraire, pour une conception multimédia produisant un maximum d'interactivité, le concepteur doit imaginer comment interpeller et questionner l'utilisateur pour l'amener à découvrir le contenu permettant d'atteindre l'objectif fixé.

Dans sa forme la plus aboutie, le déroulement des scènes constituant un bloc est décrit au moyen de plusieurs documents qui constituent la maquette-papier.

Les figures 5.4 à 5.11 donnent un exemple de bordereaux pouvant être utilisés pour mener à bien la conception de façon méthodique. Dans la pratique, ces bordereaux sont toujours modifiés en début de projet pour être parfaitement adaptés au contenu et au style du produit à réaliser.

Liste des Objectifs finals	Titre		Auteur	
N°	Enoncé de l'objectif	Comment atteindre l'objectif ? Contenu	Comment vérifier l'atteinte de l'objectif ?	Durée
Consignes/Remarques				

Figure 5.4. *Bordereau de conception : liste des objectifs finals*

Objectifs Intermédiaires	Titre		Auteur	
Objectif final n°	Enoncé		Durée	
N°	Enoncé de l'objectif intermédiaire	Comment atteindre l'objectif ? Contenu	Comment vérifier l'atteinte de l'objectif ?	Durée
Consignes/Remarques				

Figure 5.5. *Bordereau de conception : objectifs intermédiaires*

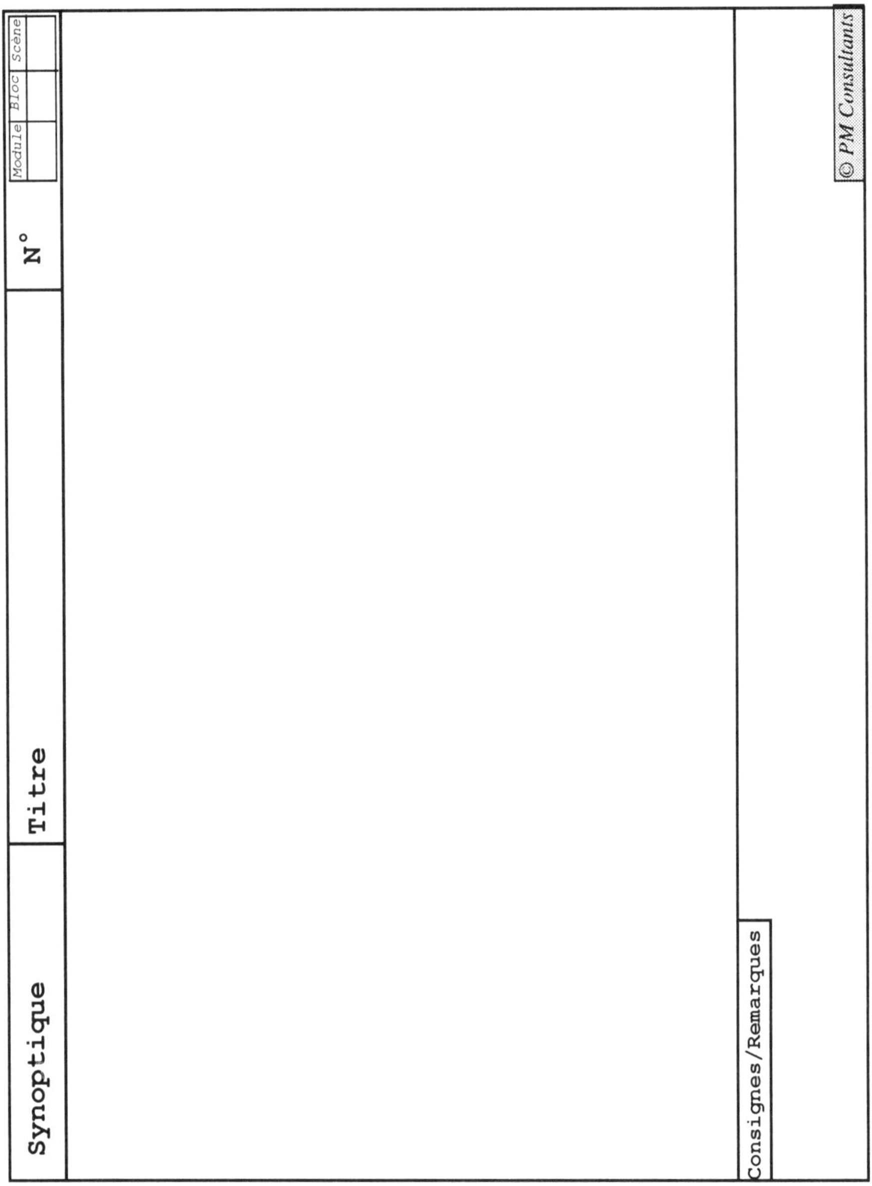

Figure 5.6. *Bordereau de conception : synoptique*

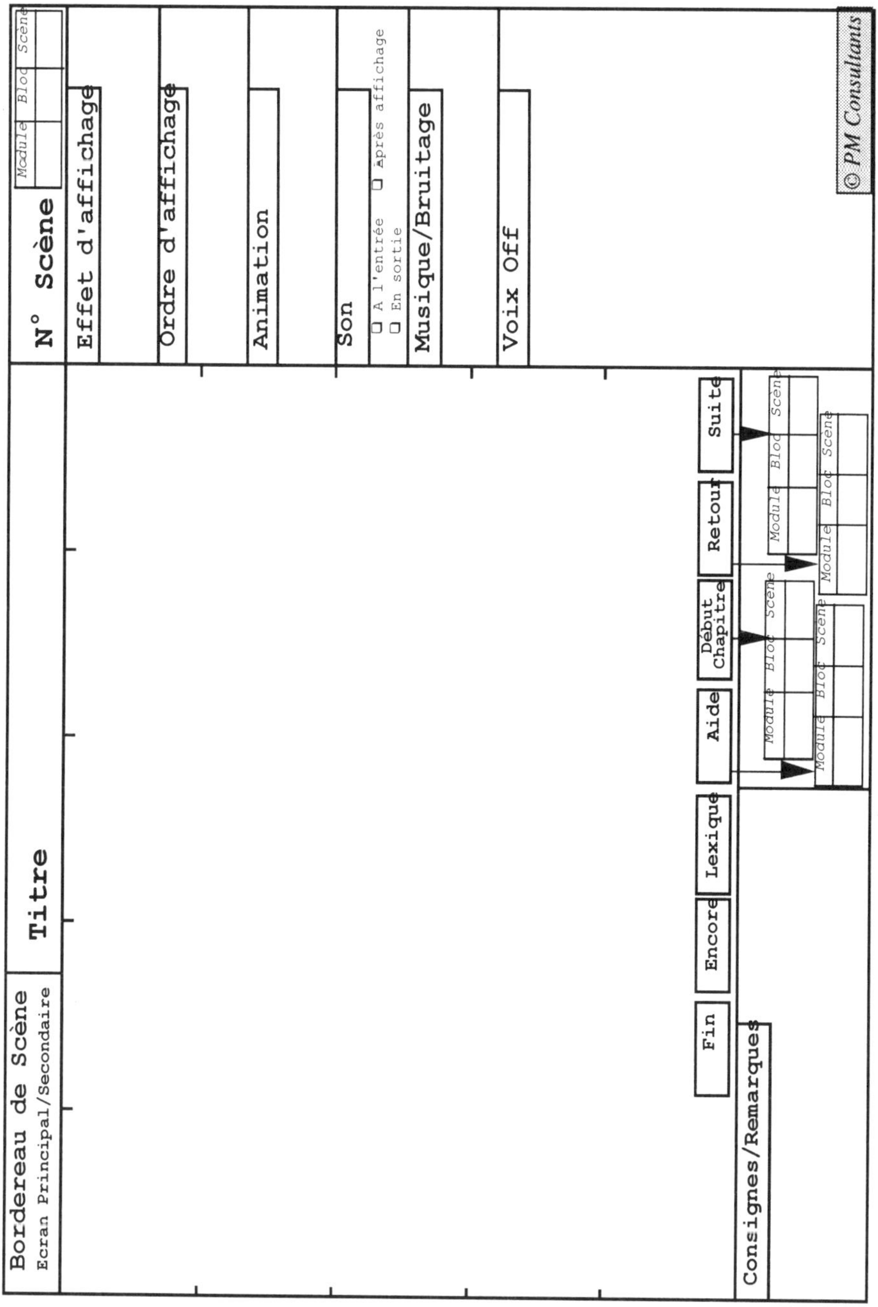

Figure 5.7. *Bordereau de conception : bordereau de scène*

Liste des fichiers utilisés		N° Scène (Module / Bloc / Scène)
Nom	**Type**	**Description**

Consignes/Remarques

© PM Consultants

Figure 5.8. *Bordereau de conception : liste des fichiers*

Interaction		Titre		N° Scène	Module / Bloc / Scène
Réponse	Nbre Essais	Analyse		Action	Branchement (Module / Bloc / Scène)
					Module / Bloc / Scène
					Module / Bloc / Scène
					Module / Bloc / Scène
					Module / Bloc / Scène
					Module / Bloc / Scène
					Module / Bloc / Scène
Consignes/Remarques					

Figure 5.9. *Bordereau de conception : description des interactions*

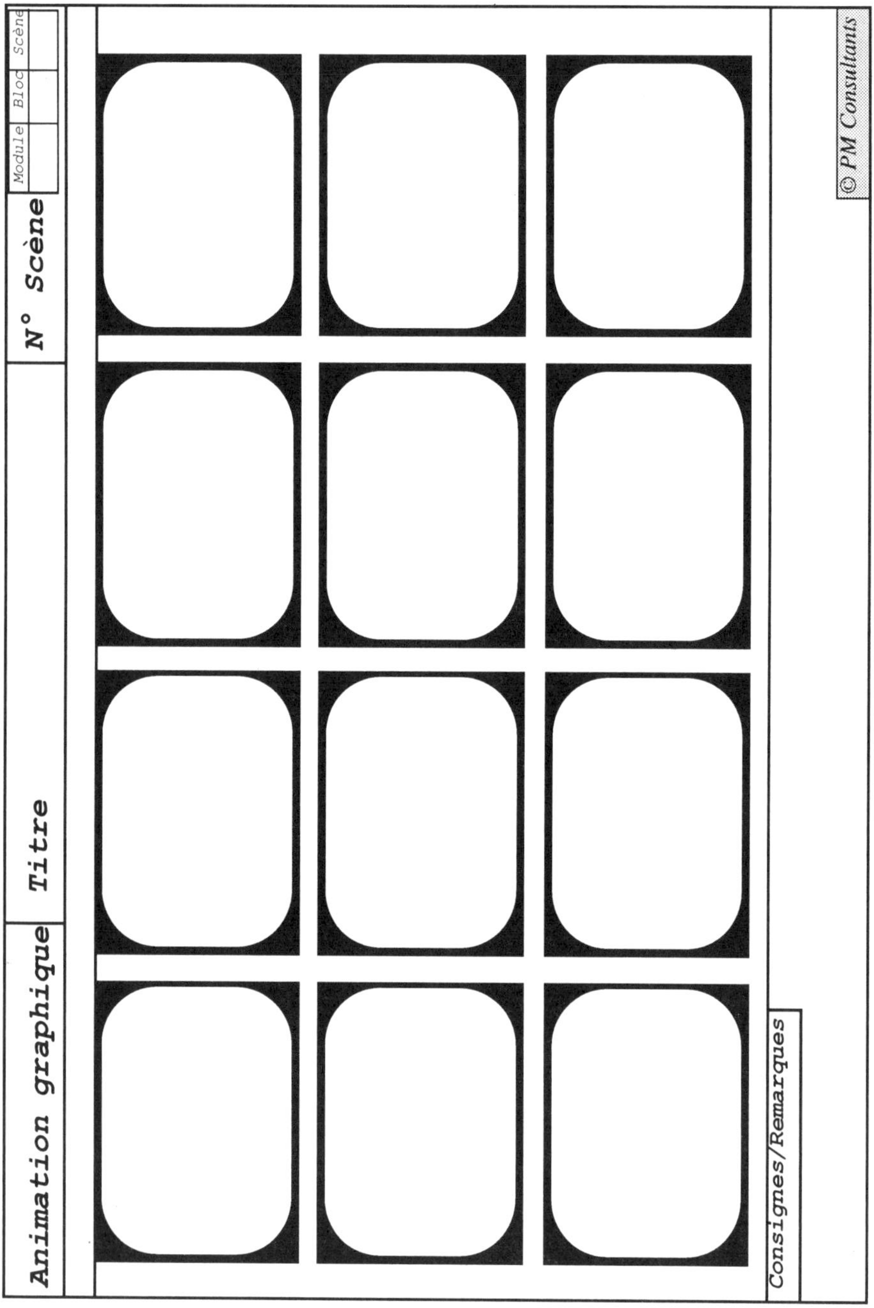

Figure 5.10. *Bordereau de conception : description d'animations*

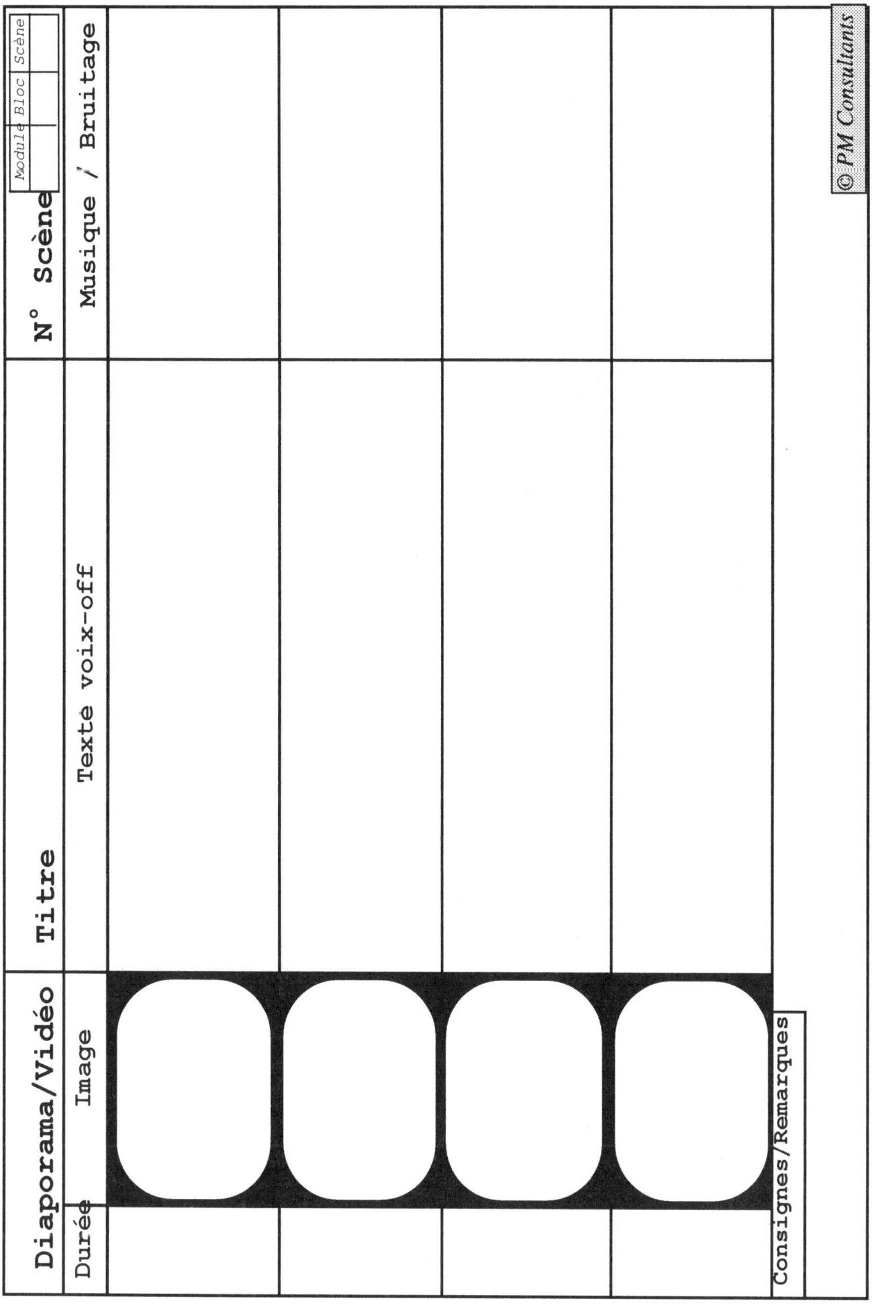

Figure 5.11. *Bordereau de conception : story-board de diaporama/vidéo*

5.6.5. L'écriture multimédia reste à inventer

L'écriture multimédia est une forme d'expression nouvelle dont les règles se codifient au fur et à mesure de la création de nouveaux produits. C'est en concevant des applications que les concepteurs multimédias parviennent progressivement à maîtriser les possibilités de l'interactivité. L'expérience de l'audiovisuel, si elle peut apporter beaucoup à l'écriture multimédia, ne doit pas être transposée purement et simplement. D'autre part, la multitude des différentes formes d'applications multimédias – bornes d'information, catalogues, jeux, etc. – implique qu'il n'existe pas une seule forme de conception, mais autant d'approches que de types de produits différents. Cette diversité des applications, combinée avec les différences de culture et d'origine des concepteurs multimédias, entraîne une grande diversité des méthodes de conception et donc de l'écriture multimédia.

5.7. Etape 5 : préparation des objets-médias (pré-production)

Cette étape consiste à préparer les différents médias qui seront ensuite intégrés dans l'application dans l'étape de mise en scène. La préparation des médias s'effectue au moyen de plusieurs logiciels, chacun étant apte à traiter un type de média.

Le premier point à déterminer concerne l'éventuelle utilisation de médias existants dans l'entreprise. Si elle dispose d'une photothèque, d'illustrations ou de films, ceux-ci auront été pris en compte au niveau de la conception, et la création des médias en sera d'autant facilitée. Les médias existants dans l'entreprise doivent être collectés et préparés pour l'application. Ils peuvent éventuellement exister sous forme de fichiers, mais dans un format différent. Il faudra dans ce cas avoir recours à des utilitaires de conversion de fichiers, et le cas échéant, recadrer ou retoucher les illustrations. Si certains objets existent sous forme non numérique (photographies sur papier, diapositives, etc.), il sera nécessaire de procéder à leur numérisation.

5.7.1. Préparation des textes

La saisie des textes peut se faire au moyen d'un simple logiciel de traitement de texte qui peut produire, soit un fichier en format « texte simple », c'est-à-dire non mis en forme, soit un fichier en format RTF (*Rich Text Format*). Dans le format RTF, le texte est déjà enrichi du point de vue typographie et présentation. Ce format est accepté par la plupart des logiciels de mise en scène. Dans le cas ou les textes sont courts, il ne sera pas forcément nécessaire de les saisir au préalable, il pourront être saisis directement au moyen du logiciel de développement choisi. Certains textes, par exemple les titres qui demandent une typographie spéciale, peuvent être créés par un infographiste en format bitmap. Ceci doit toutefois rester une exception, eu égard aux difficultés de modification et de traduction de textes en bitmap.

Concernant la traduction du produit en plusieurs langues, on prendra toutes les précautions nécessaires afin de conserver tous les textes dans des fichiers externes à l'application. Cette précaution permettra de procéder à la traduction avec un minimum de modifications de l'application elle-même.

Logiciels utilisés pour les textes : tous logiciels de traitement de textes

5.7.2. Préparation des graphismes et illustrations

Concernant les graphismes et illustrations, il est bien entendu nécessaire de prendre en compte l'existant dans l'entreprise : logos, couleurs, charte graphique de l'entreprise. Les images à créer peuvent être de différents types (logos, illustrations, schémas techniques, dessins humoristiques, etc.) et il sera parfois nécessaire de faire appel à plusieurs infographistes qui travaillent avec des styles personnels différents.

Logiciels utilisés pour le mode vecteur :

- CorelDraw ou Illustrator sur PC,
- MacDraw, SuperPaint, Illustrator ou Freehand sur Macintosh.

Logiciels utilisés pour le mode bitmap :

- Painter sur PC,
- SuperPaint sur Macintosh.

Logiciels de retouches photo :

- Corel PhotoPaint ou PaintShop Pro sur PC,
- PhotoShop sur PC ou sur Macintosh.

5.7.3. Préparation des photographies

Différents cas sont à considérer pour la préparation des photographies :

Photothèque existante dans l'entreprise

Les photographies seront la plupart du temps disponibles sous forme de tirage papier ou de diapositives. Il sera donc nécessaire de les numériser.

Achat de photographies à une agence

Pour des besoins particuliers (par exemple photographies d'actualités ou d'archives).

Achat à une banque d'images spécialisée dans le multimédia

Ces banques fournissent généralement un catalogue sur papier et sur CD-Rom en basse définition. Après avoir choisi les photographies nécessaires dans le catalogue, il est possible d'acheter les photographies en haute définition, directement sous forme de Photo-CD (l'étape de numérisation n'est pas nécessaire). Les banques de photographies les plus connues sont PhotoDisc, Présentation Direct, Goodshoot, Corel Professional Photos.

Prises de vue et reportages spécifiques pour le projet multimédia

Il peut être nécessaire, pour l'application multimédia, de procéder à une prise de vue d'objets, de produits ou de scènes spécifiques dans les locaux de l'entreprise. Dans ce cas, la prise de vue peut se faire au moyen d'un appareil numérique, mais peu de photographes sont habitués à travailler de cette façon. Le plus souvent, la prise de vue s'effectue sur diapositives qui seront ensuite numérisées. Dans certaines applications de banques de données multimédias, la prise de vue photographique peut constituer un travail long et représenter la partie la plus importante du budget de l'application.

La numérisation des photographies peut être effectuée de plusieurs façons :

– Numérisation à partir d'originaux papier au moyen d'un scanner ;
– Numérisation à partir de diapositives au moyen d'un scanner de diapositives qui permet d'obtenir une plus haute définition d'image ;
– Prise de vue numérique ;
– Pressage intermédiaire d'un Photo-CD par une société spécialisée, à laquelle on fournit les originaux papier ou diapositives.

Après la numérisation, la photographie doit, la plupart du temps, être retouchée au moyen d'un logiciel de traitement d'images : correction des couleurs, recadrage de l'image, filtres, effets spéciaux. Enfin, l'image devra être enregistrée au format nécessaire (résolution et nombre de couleurs), et selon la nomenclature définie dans le dossier de spécifications détaillées.

Logiciels utilisés pour la retouche photo :

– Photoshop (PC et Macintosh),
– PaintShop Pro et Corel PhotoPaint sur PC.

5.7.4. Gestion des bibliothèques d'images

Un projet multimédia nécessite souvent de manipuler de nombreuses images (dessins ou photographies). Toutes ces images doivent être sauvegardées et classées, selon la nomenclature définie dans les spécifications détaillées. Il est souhaitable, pour travailler méthodiquement, d'avoir recours à un logiciel de gestion de banque d'images. Ces logiciels permettent de classer les images en albums, de les retrouver facilement, de feuilleter les albums, et le cas échéant, de procéder à des recherches d'images par mot-clé. Ce type d'outil sera très utile lorsqu'on désire constituer un stock d'images utilisables ultérieurement dans d'autres applications.

Logiciels de gestion de banques d'images : Corel Gallery, Mosaic, Cumulus (véritable gestionnaire de banques d'objets, images, sons...), AX-Photobank.

Quel format de fichier utiliser pour les images ?

Les images utilisées dans une application multimédia sont conservées sous forme de fichiers de différents types. Les formats de fichiers les plus courants pour les images sont :

– en mode bitmap : BMP, PCX, TIFF,
– en mode vecteur : WMF, PICT (pour Macintosh), EPS.

Il est conseillé, pour les images que l'on numérise ou que l'on créé, de choisir les formats de fichier adaptés au système d'exploitation et au logiciel de mise en scène que l'on utilise. Signalons enfin un détail qui a son importance au point de vue optimisation de l'application : il est préférable de préparer les images à la taille qu'elles doivent avoir à l'affichage, plutôt que de les redimensionner ou de les transformer dans la mise en scène, ce qui sera nécessairement plus long, par suite des calculs nécessaires à chaque affichage.

Logiciels de conversion d'images d'un format à un autre :

– Photoshop (sur Macintosh, sur PC et conversion entre les deux plates-formes),
– Graphic Converter (sur Macintosh),
– BitEdit (sur PC).

5.7.5. Préparation des sons

De la même façon que pour les images, il convient de prendre en compte l'existant dans l'entreprise : l'entreprise a-t-elle un « logo sonore », une charte sonore utilisée pour sa communication externe, dispose-t-on d'enregistrements sonores, de spots publicitaires, etc.

La préparation des sons s'effectue de plusieurs façons :

Enregistrement des voix-off

Les textes doivent être soigneusement préparés, saisis et imprimés. La prise de son se fait en studio professionnel, avec des comédiens. On aura au préalable procédé à un casting de plusieurs speakers, afin de choisir, avec le commanditaire, la ou les voix les plus adaptées aux objectifs et au style de l'entreprise. Il est à noter que l'on peut, dans certains cas, obtenir un « plus » en faisant appel à une voix célèbre. Cet aspect est à prendre en compte dans la conception du produit. Il faut savoir que le recours à une voix célèbre ne nécessite pas forcément des budget démesurés. L'enregistrement en studio se termine par le stockage de toutes les séquences sonores sur bande DAT. Il faut compter environ 8 heures d'enregistrement en studio pour obtenir 1 heure de son enregistré sur DAT.

Création musicale (composition originale)

Achat de musique « musicomètre » disponible en collections de CD-Audio

Création de bruitage ou achat de collections de bruitages sur CD-Audio

Quelle que soit son origine, le son doit être numérisé selon les paramètres qui ont été déterminés lors de la phase de spécifications détaillées du projet (fréquence d'échantillonnage, codage sur 8 ou 16 bits, son mono ou stéréo). Cette phase de numérisation et de stockage en fichiers informatiques s'effectue de manière assez simple, en connectant un magnétophone DAT à la carte son de l'ordinateur. Il est ici encore nécessaire de respecter la nomenclature prévue pour nommer et répertorier les fichiers obtenus. Chaque séquence sonore étant mémorisée dans un fichier, le nombre de fichiers sons de l'application peut être dans certains cas considérable. On prévoira ici également 8 heures de travail de numérisation pour 1 heure de son numérisé.

Logiciels utilisés pour l'édition du son (numérisation, retouche, montage) :

- SoundEdit Pro sur Macintosh,
- Quartz Audio, GoldWave ou Wave Studio sur PC.

5.7.6. Préparation des séquences vidéo

Trois cas de figures peuvent se présenter concernant les séquences vidéo nécessaires à l'application :

La bande vidéo existe dans l'entreprise

Le tournage vidéo pouvant représenter un budget important, il est parfois intéressant de réutiliser des séquences existantes. Attention toutefois au format des vidéos existantes : pour que les séquences soient utilisables dans une application multimédia, la vidéo doit être disponible en format professionnel (BetaSP minimum).

Achat de séquences vidéo à une vidéothèque

Par exemple, pour des films d'archives, d'actualité ou des illustrations « passe-partout ».

Tournage des séquences vidéo

Dans le cas ou l'on a besoin de séquences vidéo spécifiques au projet, il sera nécessaire de procéder à un tournage. Il est ici recommandé de ne pas vouloir tenter de tournage amateur. Il est nécessaire, pour obtenir un bon résultat, de disposer d'une équipe complète : réalisateur, cadreur (1 ou 2 selon que le story-board a déterminé une ou deux caméras), preneur de son, éclairagiste (chef opérateur), comédiens éventuels. Pour obtenir la meilleur qualité, le tournage sera fait en format professionnel (BetaSP) en évitant les trop forts contrastes qui sont accentués par la numérisation.

Le processus se déroule en trois étapes :

1. Tournage vidéo
2. Montage des séquences
3. Numérisation et compression

Après le tournage, le montage des séquences est effectué, soit de manière conventionnelle (montage analogique en régie), soit directement en numérique, au moyen d'une carte d'acquisition vidéo sur laquelle est connecté le magnétoscope BetaSP.

Une autre solution consiste à mixer les deux modes de travail :

1. Montage numérique d'une maquette de la bande vidéo que l'on veut obtenir
2. Edition à partir de l'ordinateur des EDL (liste des paramètres de montage)
3. Montage en régie en utilisant les EDL
4. Numérisation et encodage de la bande montée

On obtient en moyenne 4 minutes de vidéo montée en 1 journée de tournage.

5.7.7. Numérisation et compression : encodage vidéo

C'est dans cette dernière étape que la vidéo va être découpée en séquences numérisées et compressées, au format choisi lors de la phase de spécifications (format AVI, Moov, MPEG). Chaque séquence sera conservée dans un fichier disque, nommé et classé selon la nomenclature du dossier de spécifications.

Pour obtenir une réelle qualité professionnelle, la numérisation et l'encodage vidéo nécessitent à la fois des sources vidéo très bonnes (importance de la qualité du tournage), et des équipements d'encodage relativement sophistiqués. Ceci justifie l'appel à une société spécialisée dans l'encodage vidéo, ce qui permettra d'obtenir un bon rapport qualité/coût, plutôt que de vouloir faire soi-même ces opérations.

Logiciels utilisés : Adobe Première (sur PC ou sur Mac) pour la numérisation et le montage des séquences directement en numérique.

5.8. Etape 6 : mise en scène et programmation

5.8.1. Le concept de logiciel-auteur

Dès le début de l'EAO dans les années 70, les créateurs de logiciels se sont posés la question : « Qui doit développer des cours en EAO ? ». Il apparaissait préférable, plutôt que de confier cette opération à des informaticiens (qui à cette époque étaient les seuls à manipuler les ordinateurs !), de la confier aux pédagogues, enseignants et formateurs. On a donc cherché tout naturellement à mettre au point des outils simples à utiliser pour des non-informaticiens, et permettant de préparer des « cours interactifs » sans avoir recours à la programmation.

Ces outils se sont appelés systèmes-auteurs ou langages-auteurs, par référence à leur utilisation par un « auteur » détenteur de contenus. On utilise aujourd'hui indifféremment les termes « outil de création », « outil de développement », « logiciel-auteur » ou « logiciel de mise en scène ».

Quel que soit le logiciel utilisé, il faut être conscient que la création d'applications multimédias interactives ne peut s'effectuer sans un travail important de développement et de mise au point. Il est à noter à ce sujet que le miracle n'existe pas dans ce domaine : les outils de création plus simples à utiliser, sans langage de programmation, sont nécessairement plus limités sur le plan des fonctionnalités offertes et de l'interactivité de l'application obtenue.

5.8.2. Outils de création multimédia pour applications sur CD-Rom

Tous les logiciels-auteurs ont chacun des caractéristiques propres tout en ayant des fonctionnalités communes, mais ils impliquent différentes façons de travailler pour le développeur et différentes organisations de la production. Les principaux outils de création sont classés ici en plusieurs familles, en fonction de la façon de travailler qui leur est propre.

Famille « PréAO »

– Logiciels sur PC : Présentation (Asymetrix), Freelance Graphics (Lotus) ;
– Logiciels sur Macintosh : Persuasion (Aldus) ;
– Logiciels sur Macintosh et PC : PowerPoint (Microsoft).

Caractéristiques : ces logiciels n'ont pas la puissance nécessaire pour produire du multimédia réellement interactif. Ils peuvent cependant suffire pour certaines applications de présentation. Leur avantage est d'être utilisables par tous. Le principe général de travail avec ces logiciels est la préparation de « slides » (encore appelés pages-écrans ou diapositives), avec des fonctionnalités plus ou moins sophistiquées d'enchaînement entre les slides. Ils permettent en général la mise en ordre des présentations grâce à un mode « trieuse de diapositives ».

Ces logiciels sont surtout destinés à préparer des présentations séquentielles. Toutefois, les plus sophistiqués d'entre eux, comme Asymetrix Présentation, permettent d'inclure, dans une « diapositive », des boutons permettant de faire des liens sur d'autres « diapositives », ou de déclencher un événement média, par exemple une animation ou un son.

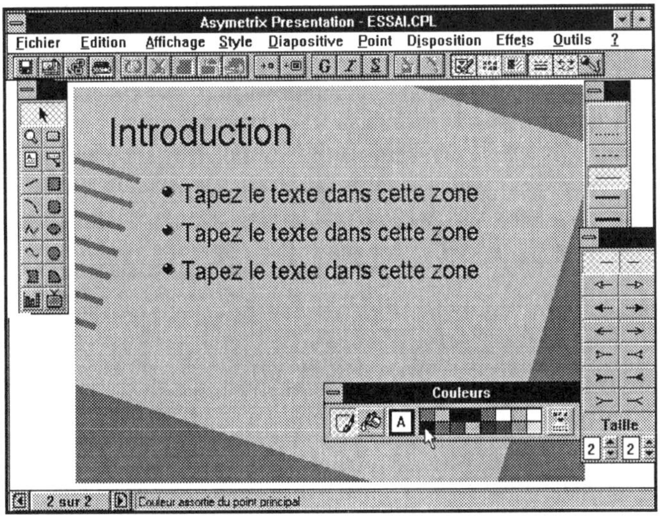

Figure 5.12. *Logiciel de création : Asymetrix Présentation*

Famille « Description graphique »

– Logiciels sur Macintosh : Apple MédiaTool (avec possibilité de transfert sous Windows de l'application réalisée sur Macintosh) ;
– Logiciels sur PC : Icon Author (Aimtech) (fonctionne aussi en version UNIX);
– Logiciels sur Macintosh et PC : Authorware (MacroMédia).

Caractéristiques : avec ce type de logiciel, le développeur procède à la création de la logique de son application, sous forme de graphe. Le graphe est composé d'icônes, représentant des actions élémentaires et choisies dans une palette. Ces logiciels permettent la création de graphes complexes, et nécessitent, même pour des applications relativement simples, une pratique de la logique algorithmique (sauf pour Apple MédiaTool). Les logiciels Authorware et Icon Author disposent en outre de fonctionnalités très utiles en EAO : analyse de réponse de l'élève, système de notation, facilité de création de QCM, etc.

Le logiciel Authorware, en particulier, permet une très bonne productivité pour la création d'applications multimédias de formation, à condition de travailler de façon rigoureuse et méthodique.

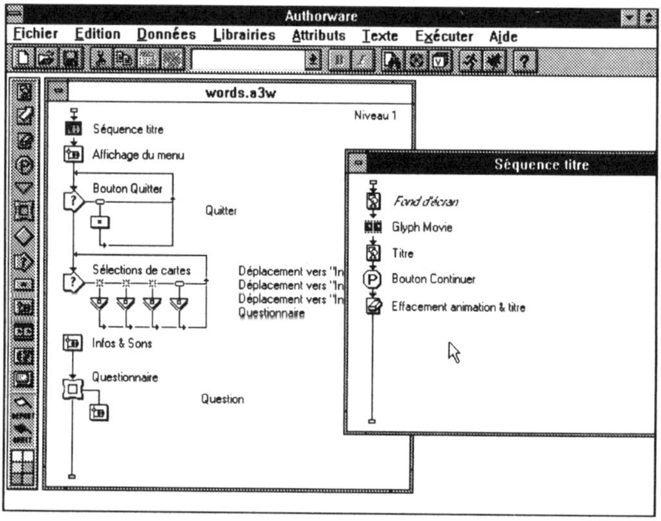

Figure 5.13. *Logiciel de création : Macromedia Authorware*

Famille « Construction de livres »

– Logiciels sur PC : Multimedia Toolbook (Asymetrix) ;
– Logiciels sur Macintosh : HyperCard (Apple).

Caractéristiques : la création de l'application consiste ici à créer un livre (une « pile » pour HyperCard), composé de pages (« cartes » pour HyperCard), chaque page correspondant à un écran. Le déroulement de l'application est exprimé par des liens entre les pages, effectués en fonction d'occurrences de certains événements.

Ces logiciels sont relativement simples à mettre en œuvre, et ne nécessitent pas un apprentissage très long, à condition que l'application que l'on souhaite réaliser soit relativement simple. Ils nécessitent toutefois de savoir programmer pour réaliser des applications sophistiquées. Le seul reproche que l'on puisse faire à ce type de logiciel est l'absence de représentation de la logique de l'application, contrairement aux outils de la famille précédente.

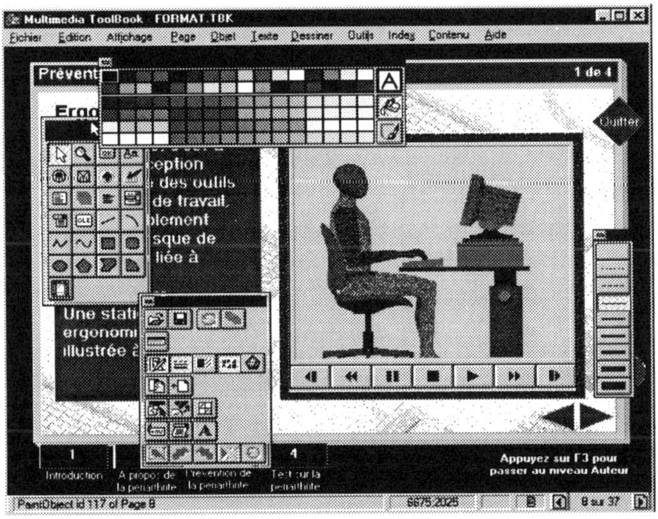

Figure 5.14. *Logiciel de création : Asymetrix Toolbook*

Famille « Assistants pour l'EAO »

– Logiciels sur PC : CBT Edition incluant Multimedia Toolbook (Asymetrix) et CBT Express (Aimtech).

Caractéristiques : ces outils sont véritablement très simples à mettre en œuvre, et ne nécessitent pas de connaissance de la programmation. Ils sont tous deux orientés vers l'EAO, et permettent la création de tests d'évaluation, incluant différentes formes de question (QCM, appariements, etc.), avec des possibilités de notation automatique des apprenants. CBT Edition, d'Asymetrix, est un bon complément de Multimedia Toolbook, l'application générée par CBT Edition étant un « livre » Toolbook, qui peut ensuite être modifié dans ses moindres détails sous Toolbook.

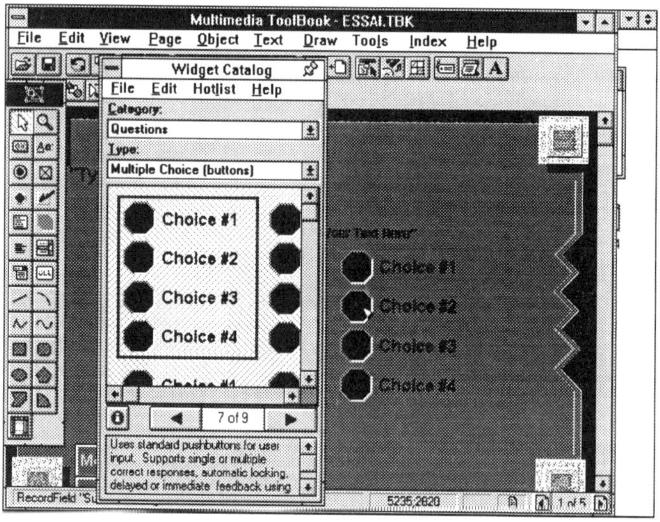

Figure 5.15. *Logiciel de création : Asymetrix CBT Edition*

Famille « Animation-cinéma »

Director (Macromedia) est le seul outil de cette famille. Macromedia Director n'a en effet pas d'équivalent sur le marché du point de vue de son mode de travail. Director a été conçu à l'origine pour réaliser des animations graphiques de type dessin animé. C'est dans ce genre d'effets animés qu'il est le plus à l'aise et le plus rapidement spectaculaire. L'élément de base de Director est la « scène », sur laquelle on vient placer des « acteurs » (objets de différents types : textes, sons, images). Ces acteurs sont contrôlés et synchronisés par le « scénario ».

Pour programmer l'interactivité et les éléments plus complexes, Director offre l'accès à un langage de programmation spécifique – Lingo – qui nécessite un apprentissage relativement long.

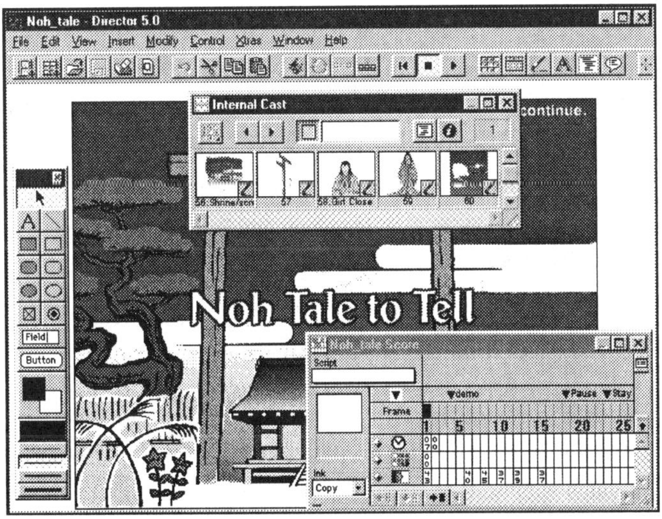

Figure 5.16. *Logiciel de création : Macromedia Director*

Famille « programmation »

On peut classer dans cette famille les outils non spécifiques au multimédia et dont la manipulation est réservée aux informaticiens : C++, Visual Basic, etc. Ces logiciels permettent une productivité moindre que certains des logiciels spécialisés cités précédemment. Leur usage est à réserver pour des créations particulières nécessitant des fonctionnalités qui ne se trouvent pas dans les logiciels-auteurs, par exemple, pour des applications de jeux ou de simulation.

Et tous les autres...

De nombreux autres logiciels de création multimédia existent sur le marché, mais n'ont pas encore acquis la notoriété des outils cités précédemment. Citons en particulier : Acrobat (Adobe), Action! (Macromedia) HSC Interactive (Aimtech) Mediablitz, Multimédia manager, Le réalisateur multimédia (Edusoft), Supercard (Aware), Gazelle, Fanfare ! (SoftKey), Katabounga (Abvent),...

5.8.3. Logiciels pour applications sur d'autres supports que le CD-Rom

Logiciels spécifiques pour réalisation de Photo-CD ou de Portfolio

Citons les logiciels BuildIt et ArrangeIt de Kodak ainsi que Photothéatre (Incat Systems).

Outils de développement pour Internet

Plusieurs logiciels existent aujourd'hui, ayant en commun le fait de générer des pages en format HTML. Toutefois, tous les logiciels ne proposent pas la même facilité d'utilisation, et en particulier, on fera la différence entre les éditeurs Wysiwyg et les autres.

Citons par exemple PageMill (Adobe), Backstage (Macromedia), Homepage (Claris), FrontPage (Microsoft).

5.8.4. Critères de choix d'un outil de développement

Avant de choisir l'outil de développement adapté à l'application que l'on veut réaliser, il convient de ne pas oublier quelques principes élémentaires :

– La puissance de l'outil n'est pas forcément liée à son prix !
– Il n'est pas forcément nécessaire, pour développer une application, de disposer de l'outil le plus sophistiqué du marché. Mieux vaut choisir l'outil le mieux adapté au type d'application et aux intervenants du projet ;
– Plus de puissance et plus de fonctionnalités impliquent nécessairement un apprentissage et une appropriation plus difficiles.

Les critères de choix ci-dessous doivent permettre, si l'on prend le temps d'y réfléchir, de choisir l'outil le mieux adapté.

Critère n° 1 : La plate-forme matérielle

– Plate-forme de diffusion : l'application à réaliser doit-elle être diffusée sur PC, sur Macintosh, ou sur les deux plates-formes ? Si l'on souhaite une diffusion biplateforme, peu d'outils sont disponibles. Signalons en particulier Apple Media Tool, Powerpoint, Authorware et Director.

– Plate-forme de développement : préfère-t-on que le développement de l'application se fasse sur PC, sur Macintosh, ou sur les deux ? (cas assez rare du développement partagé entre plusieurs personnes ayant des matériels différents).

Critère n° 2 : Choisir l'outil adapté aux objectifs

– On ne prendra pas le même logiciel de développement pour réaliser une borne interactive ou un didacticiel.

– Le projet nécessite-t-il des fonctionnalités de navigation ? Ou plutôt de l'interactivité « de contenu » ?

– Veut-on intégrer à l'application des animations de type « dessin animé » ? Des effets visuels spectaculaires ?

– A-t-on besoin d'accéder à une base de données existante (tous les logiciels de développement n'offrent pas les mêmes fonctionnalités d'interfaçage normalisé avec les bases de données).

Seule une bonne expérience des différents outils permet de faire le choix le mieux adapté au type d'application, et au style que l'on veut obtenir.

Critère n° 3 : Qui va assurer le développement ?

L'outil de développement doit être choisi en fonction du profil des personnes qui vont l'utiliser. On peut par exemple confier le logiciel Apple Media Tool à un graphiste ne connaissant pas la programmation, si l'objectif est de réaliser une application qui a une forte composante visuelle, mais avec peu d'interactivité. Un formateur utilisera aisément CBT Edition pour créer des tests d'évaluation multimédia. Enfin, on choisira plutôt Toolbook pour réaliser un simulateur pédagogique devant être développé par un informaticien.

Critère n° 4 : La pérennité des outils

C'est en choisissant des logiciels réputés, qui ont déjà fait leurs preuves, que vous aurez les meilleures chances de voir évoluer ces outils dans l'avenir, de suivre avec eux l'évolution des technologies et de continuer d'avoir des possibilités d'assistance technique. A noter que les outils de création cités plus haut sont tous des « ténors » de la création multimédia.

Critère n° 5 : Contraintes de diffusion

L'outil envisagé nécessite-t-il un interpréteur (« RunTime ») pour fonctionner en mode utilisateur ? Cet interpréteur est-il gratuit ? Sinon quelles sont les différentes conditions tarifaires :

– pour un usage interne à l'entreprise ;
– pour un usage externe mais diffusion gratuite (par exemple catalogue) ;
– pour une diffusion à but commercial.

Critère n° 6 : Le logiciel envisagé existe-t-il en version française ?

Il ne faut pas oublier que même si les développeurs sont à l'aise avec la langue anglaise, la recherche d'informations pour les cas complexes se fera plus rapidement dans une documentation écrite dans leur langue maternelle (à condition toutefois que la traduction ait été bien faite !).

Critère n° 7 : Favorisez les liens familiaux !!

Certains logiciels ont plus de faculté de communiquer entre eux et d'échanger des informations. C'est le cas des logiciels de préparation des objets (graphismes, sons) et des outils de création qui proviennent du même éditeur. Par exemple si vous avez déjà créé des animations avec Director (Macromedia), vous les afficherez (y compris en exécutant les ordres Lingo associés) plus facilement avec Authorware (Macromedia) qu'avec Toolbook (Asymetrix). Si par contre vous voulez créer des animations en 3D avec 3D/FX (Asymetrix), vous choisirez Toolbook pour les afficher.

En tout cas, vérifiez, avant de choisir, que les outils qui vous intéressent et qui doivent communiquer utilisent les mêmes formats de fichiers, en particulier pour les images.

5.9. Etape 7 : le pressage des CD-Rom

Il est important d'utiliser à bon escient les termes « gravure » et « pressage », qui désignent des opérations différentes :

La gravure désigne le transfert d'informations sur un support de type CD-R (voir le paragraphe 4.3). la gravure d'un CD-R est en général limitée à quelques exemplaires pour des raisons de temps et de coût. La plupart du temps, les sociétés spécialisées dans la réalisation multimédia sont équipées du matériel nécessaire pour la gravure, qui aujourd'hui, est accessible pour moins de 10 000 francs. Ceci permet, éventuellement en cours de projet, et en tous cas pour la validation finale, de graver un ou plusieurs CD-R destinés à la validation du produit. Ce transfert sur CD-R est impératif pour vérifier les temps de réponse et le bon fonctionnement de la synchronisation du son et des séquences vidéo au moment de leur appel sur le CD.

Le pressage par contre, désigne la duplication de CD-Rom en relativement grande série. Contrairement à la gravure, le pressage doit être effectué par des spécialistes, qui disposent des équipements industriels nécessaires. Le pressage s'effectue en trois phases :

– pré-mastering, c'est-à-dire création sur un disque dur de l'image exacte du CD-Rom, incluant les données de correction d'erreur ;
– création d'une matrice en verre (disque maître ou glass-master) à partir de cette « image » ;
– pressage proprement dit, c'est-à-dire duplication, à partir du glass-master, en un nombre d'exemplaires variant suivant la diffusion envisagée.

5.10. Organisation matérielle de la production

La coordination d'une réalisation multimédia comporte des difficultés liées à la fois aux techniques mises en œuvre, et au fait que la réalisation est nécessairement un travail d'équipe pluridisciplinaire. Un des rôles essentiels du chef de projet, sur le plan de la qualité du produit, consiste à veiller au respect des consignes du dossier de spécifications et de la charte graphique. Il conviendra de laisser s'exprimer la créativité des intervenants, mais dans un cadre bien délimité.

Echanges et partages de fichiers

L'organisation de la production nécessite une bonne organisation matérielle : les différents intervenants ont nécessairement à s'échanger en permanence des fichiers. L'infographiste devra transmettre ses illustrations à l'informaticien, celui-ci devra transmettre des éléments du produit au chef de projet pour validation, etc. Ceci suppose une très grande rigueur dans la nomenclature, la gestion et l'archivage des fichiers. Il convient en particulier, de faire preuve d'une extrême prudence en ce qui concerne les versions successives d'un même objet.

Pour optimiser la production, il est conseillé que ces échanges de fichiers soient fait à l'intérieur de l'équipe sur un réseau local. Il sera en outre nécessaire de procéder à des sauvegardes régulières et à un archivage progressif d'une part sur le serveur du réseau local, d'autre part sur un support externe de grande capacité (lecteur de disque amovible, disque magnéto-optique, lecteur de cartouches). Ne pas oublier à ce sujet, que la réalisation multimédia implique souvent la manipulation de plusieurs centaines, voire plusieurs milliers de Mega-octets d'information.

Enfin, il sera nécessaire de prévoir un support externe, par exemple de type disque amovible, pour échanger avec le commanditaire les informations destinées à être validées au cours de la production.

Tests et validations

Il est impératif, lors d'une réalisation multimédia, de valider progressivement les différents éléments. Les graphismes, photographies et sons seront ainsi validés soigneusement avant d'être intégrés dans l'application. Soulignons l'importance des tests à effectuer en interne, avant la validation par le commanditaire. Chaque intervenant, dans la chaîne de production, doit valider ses propres créations et celles des intervenants précédents. Le concepteur multimédia qui rédige un texte, doit par exemple s'assurer que sa phrase est grammaticalement correcte, et ne pas laisser cette vérification au comédien qui va enregistrer la voix-off ! Si toutefois une erreur a échappé, les intervenants suivants devront jouer le rôle de filtre avant que le produit n'arrive au commanditaire pour validation.

Il sera également nécessaire de prévoir des tests systématiques sur la configuration-cible et éventuellement sur différentes configurations selon la diffusion envisagée. C'est le cas en particulier de produits destinés à une diffusion extérieure à l'entreprise, et qui doivent fonctionner sur des configurations différentes.

Lors de la planification d'un projet multimédia, il est important de ne pas sous-estimer toute la phase qui précède la diffusion du produit. L'étape de validation finale, la mise au point du produit, la préparation de la diffusion sont des opérations parfois assez longues, et en particulier lorsque l'application multimédia constitue un enjeu important pour l'entreprise. Il est en effet impératif d'être certain de diffuser un produit dont le contenu et les messages ont été validés au plus haut niveau dans l'entreprise.

5.11. Localisation d'une application multimédia

Dans le cas ou l'application réalisée doit être diffusée dans plusieurs pays, il sera nécessaire de procéder à sa « localisation ». Il est souhaitable bien entendu, que ces aspects soient pris en compte dès le démarrage du projet, et en particulier, au niveau de la conception multimédia.

La localisation des applications informatiques comporte habituellement la traduction des textes et le changement de tout ce qui est propre au pays de diffusion, comme par exemple les monnaies utilisées, l'affichage de l'heure, etc. Dans une application multimédia, il est d'autre part nécessaire de procéder au ré-enregistrement des voix-off en studio. Si l'application multimédia inclut des séquences vidéo, il se peut que celles-ci nécessitent un nouveau tournage. Le scénario lui-même peut nécessiter d'éventuels adaptations dues aux différences culturelles entre les pays.

A titre d'exemple, voici les adaptations qui ont dû être apportées à un module multimédia de formation développé initialement pour une entreprise française, dans le but de sa diffusion dans ses filiales implantées dans d'autres pays :

– Traduction des textes ;
– Ré-enregistrement des voix-off dans la langue du pays ;
– Tournage vidéo sur un site de l'entreprise dans le pays concerné, afin de coller à la réalité (décors et produits différents, etc.) ;
– Adaptation du contenu pédagogique du module, les procédures faisant l'objet de la formation n'étant pas identiques aux procédures en vigueur en France.

5.12. Budget de création d'un produit multimédia

Il est relativement difficile de donner à priori, le budget nécessaire à la réalisation d'un multimédia d'entreprise, avant d'avoir élaboré le cahier des charges détaillé.

Concernant le développement de produits multimédias destinés à l'édition, les budgets sont souvent établis à la façon des budgets de films ou d'émissions de télévision, et peuvent faire penser qu'un bon CD-Rom doit nécessairement coûter plusieurs millions de francs. A contrario, la réalisation d'un multimédia pour l'entreprise peut être une opération financièrement abordable, voire même très vite amortie par les économies qu'elle génère.

En matière de budget, il sera impératif de distinguer les coûts de réalisation, de diffusion et de maintenance et d'évolution du produit.

A titre d'exemple, une application multimédia de formation, correspondant à une journée de formation, incluant 30 minutes de vidéo numérisée, et destinée à être diffusée sur 50 sites différents nécessite le budget suivant :

– Conception et réalisation du module : 1,5 MF ;
– Diffusion sur 50 sites, y compris la fourniture du matériel et la formation de formateurs relais : 20 000 F par site, soit 1 MF ;
– Evolution et maintenance du produit (diffusion d'une nouvelle version chaque année) : 250 KF par an, à partir de la deuxième année.

Dans cet exemple, le budget global doit être ramené au nombre d'utilisateurs, en l'occurrence au nombre de personnes formées. Si dans notre exemple, le produit permet de former 10 000 personnes, sur une durée de 3 ans, le coût total est de :

1,5 MF + 1 MF + (250 KF x 2 ans) = 3 MF
soit un prix de revient du module pédagogique de 300 francs par personne formée.

Contrairement aux produits à vocation éditoriale, pour lesquels une partie importante du coût est représentée par l'achat de droits, le budget le plus important de la réalisation d'un multimédia pour l'entreprise est constitué par des coûts « de matière grise » (salaire des différents intervenants : concepteur multimédia, infographiste, informaticiens, etc.). Une autre partie importante du budget peut être absorbée par la réalisation vidéo lorsqu'elle existe. Selon la quantité de films à réaliser, et selon les conditions de tournage, il est fréquent que la réalisation vidéo représente un budget de 100 à 200 000 francs. Par contre, le coût de fabrication proprement dit des CD-Roms est relativement peu important, puisqu'il faut prévoir environ, de 5 à 10 000 francs pour la création du glass-master, puis 10 à 15 francs par exemplaire du CD-Rom.

En reprenant l'exemple cité précédemment, pour une diffusion sur 50 sites avec 2 CD-Rom par site, soit 100 exemplaires, cela représente un budget maximum de 11 500 francs, ce qui est très faible par rapport au budget total.

Citons enfin quelques budgets à titre indicatif pour différents types de produits multimédias, correspondant à différents usages pour l'entreprise :

– Présentation en PréAO multimédia pour une convention ou un congrès : 20 à 50 KF.

– Application de type « diaporama avec arborescence » sur support Portfolio (Photo-CD) : 50 à 100 KF.

– Création d'une borne interactive, incluant le matériel et la fabrication de la borne : 100 à 300 KF.

– Didacticiel multimédia : 200 000 F à 2 MF.

Chapitre 6

Conception de produits multimédias de qualité

Nous voulons de la place au soleil - c'est normal mon garçon ; alors fais du soleil au lieu de chercher à faire de la place.

Jean Giono

6.1. Quelques constatations sur la qualité des produits multimédias

Les catalogues de produits disponibles sur le marché ne se développent pas aussi vite que la technologie multimédia, et la qualité des produits est peu souvent à la hauteur des possibilités offertes par cette technologie. Au niveau du grand public, de nombreux acheteurs de CD-Rom sont déçus par le manque d'intérêt des produits, et constatent qu'ils en ont vite « fait le tour ». Les produits multimédias destinés à la formation professionnelle et disponibles sur le marché, font souvent l'objet d'une conception plus poussée, mais là encore, les formateurs attendent des produits dont la qualité soit à la hauteur de leur pédagogie.

Les produits multimédias sont actuellement créés dans de nombreux cas par des concepteurs issus du monde des médias traditionnels. La conception du produit est souvent trop marquée par la façon de procéder avec les médias non interactifs que sont le cinéma, la télévision ou la presse. Certains font l'analogie entre un produit multimédia et une voiture, dont la carrosserie est constituée par les aspects esthétiques, visuels ou audiovisuels du produit, et la mécanique par la logique programmée et l'interactivité. En reprenant cette analogie, on peut constater que beaucoup de produits sont magnifiquement carrossés, parfois à la limite du « tape à l'œil », mais avec un moteur rudimentaire et trop poussif pour rendre les services qu'on attend de lui.

C'est ainsi que de nombreux CD-Rom aujourd'hui, utilisent peu l'interactivité, et sont construits sur un mode « documentaire », faisant penser aux films diffusés il y a quelques années par la « télévision scolaire ». Paradoxalement, certains de ces produits multimédias, réalisés parfois avec des budgets importants, exercent peu d'attrait sur l'utilisateur, qui se lasse rapidement, après quelques séances de consultation. Alors qu'un jeu très simple sur ordinateur, par exemple un jeu de cartes, exerce sur l'utilisateur un attrait indéniable, et sera utilisé pendant de longues heures sans lassitude. La différence entre ces deux types d'applications est la suivante : dans le jeu, l'ordinateur donne une impression d'intelligence, ou plutôt de « simili-intelligence », et donne envie à l'utilisateur de se confronter à lui et de se mesurer à sa puissance. Malheureusement, dans de nombreuses applications multimédias riches en contenu et très soignées sur le plan de l'esthétique, on ne trouve pas la moindre trace de cette simili-intelligence dans le scénario programmé.

C'est cet apport de simili-intelligence, voire de simili-ruse de l'ordinateur, combiné à l'apport de connaissances encyclopédiques, qui fait la spécificité du multimédia et qui peut susciter l'intérêt de l'utilisateur. C'est donc autant dans la façon dont les connaissances sont livrées à l'utilisateur, que dans ces connaissances elles-mêmes que résident les chances de succès des produits multimédias, aussi bien dans le grand public que pour les applications professionnelles.

En évoquant la forme des informations, on pense immédiatement à la qualité visuelle et à la qualité des différents médias utilisés. Cette forme « audiovisuelle » des informations est relativement bien maîtrisée aujourd'hui par les concepteurs. Mais une autre dimension de la forme des informations est liée à l'interactivité, que beaucoup de concepteurs ayant une culture d'origine non interactive, ont du mal à concevoir. Il est difficile, il est vrai, de « concevoir interactif » et l'écriture multimédia reste à inventer, ou plutôt s'invente au fur et à mesure, avec la réalisation et la diffusion de nouveaux produits.

Les recommandations qui suivent sont issues de l'expérience de réalisation de produits pédagogiques multimédias, mais aussi et surtout de témoignages d'utilisateurs et de formateurs. De nombreux témoignages ont été recueillis dans le cadre de formations de formateurs, et au cours de sessions d'analyse critique de produits multimédias.

6.2. Contenu du produit multimédia

La conception d'un produit multimédia commence bien entendu par la définition de son contenu. Le contenu doit être pertinent, exact et doit répondre aux attentes de l'utilisateur. Il est donc particulièrement important, lors de la conception du produit, de définir précisément les publics auxquels on s'adresse. Sur le plan du contenu, il ne s'agit pas nécessairement d'être exhaustif, mais plutôt de doter le produit multimédia d'un contenu « juste suffisant », en fonction des objectifs fixés et du public. Ce contenu doit être segmenté et bien structuré. Souvent, l'utilisateur souhaite disposer de plusieurs niveaux ou plusieurs « profondeurs » d'accès à l'information. Il apprécie d'avoir ainsi un niveau d'information global, appréhendable assez rapidement, et un niveau d'approfondissement « pour en savoir plus ». Le contenu doit être, certes rigoureux et exact, ce qui n'exclut pas éventuellement qu'il soit exprimé avec un peu de fantaisie et de façon ludique. Enfin, sur le plan du contenu, la conception d'un produit multimédia de qualité nécessite de s'interroger sur la pérennité des informations et de prévoir, dès le départ, des mises à jour lorsqu'on sait que les informations vont évoluer.

6.3. Utilisation des médias

6.3.1. Impact des médias selon le public

Selon le public visé, et en particulier selon son niveau culturel et son niveau de formation, les différents médias n'auront pas le même impact et la même efficacité. La figure 6.1 donne une échelle *approximative* de la perceptivité de l'utilisateur aux différents médias, en fonction de son niveau de formation ou de son niveau culturel.

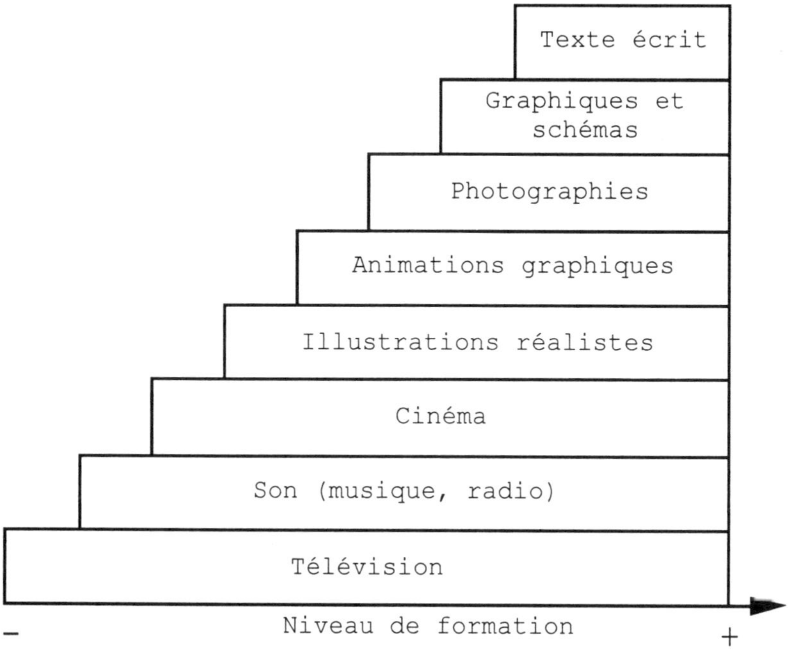

Figure 6.1. *Perceptivité de l'utilisateur aux différents médias selon son niveau de formation*

6.3.2. Exploiter les spécificités des différents médias

Chaque média a sa spécificité, et il convient, pour accroître l'impact et l'efficacité du produit multimédia, d'utiliser les différents médias pour ce qu'ils savent bien faire. On évitera d'utiliser un texte lorsqu'une image est plus explicite, ou un commentaire sonore lorsque le texte écrit à l'écran est plus approprié. Nous donnons ci-dessous quelques recommandations pour l'utilisation des différents médias.

Texte écrit

Le texte écrit à l'écran sera utilisé pour des informations descriptives, explicatives, analytiques. Il a une permanence, contrairement aux commentaires sonores, qui sont fugitifs, et il sera particulièrement utile pour afficher les définitions, les énoncés d'exercices, les listes, dictionnaires, etc. Pour choisir entre texte écrit et commentaire sonore, il ne faut pas oublier qu'un auditeur moyen enregistre 9 000 mots à l'heure, alors qu'un lecteur moyen en enregistre 40 000, soit un rapport de 1 à 4 en faveur du texte écrit, qui sera préféré pour toutes les informations devant être mémorisées.

Texte parlé (voix-off)

Le son sera plutôt utilisé pour donner des commentaires complémentaires au texte écrit, ou encore en doublage du texte écrit, pour augmenter la mémorisation. Le son est particulièrement efficace pour attirer l'attention de l'utilisateur, par exemple pour lui poser une question. La voix-off sera utilisée également pour le guidage et l'assistance de l'utilisateur (aide opératoire), les messages d'erreur, etc. Il est à noter que certaines voix de speaker caractéristiques peuvent contribuer à créer un climat ou une ambiance particulière. D'autre part, le recours à une voix de comédien connu permettra de donner une couleur particulière au produit.

Illustrations et schémas

Les illustrations ou dessins sont souvent utilisés pour aérer le propos, égayer, appuyer le texte ou le commentaire. Les illustrations schématiques constituent une approche analytique, et permettent de modéliser la réalité, de montrer, d'expliquer et faire comprendre. Les schémas seront utilisés pour montrer l'indescriptible (schémas d'installation électrique) ou encore montrer l'invisible (structure d'un atome, transformations chimiques, courant électrique, fonctionnement d'une pompe, etc.).

Graphiques

On aura recours à des graphiques (histogrammes, courbes, etc.), pour visualiser des informations chiffrées, des données économiques, et permettre à l'utilisateur d'effectuer des comparaisons.

Photographies

La photographie est indispensable pour illustrer le propos lorsqu'on a besoin de réalisme, par exemple pour montrer l'aspect physique d'une installation industrielle, d'une machine-outil, etc. Mais, de par son caractère polysémique, la photographie permet aussi d'évoquer, de suggérer, de susciter des émotions et de faire réagir. La photographie d'un paysage de montagne aura ainsi toujours plus d'impact et d'effet que l'utilisation de mots pour le décrire.

Musique

La musique permet de créer une ambiance, de suggérer, d'évoquer, de susciter des émotions (joie, tristesse, etc.), et enfin de donner du rythme à l'application.

Bruitages

Les bruitages sont très souvent utiles dans un produit multimédia, pour illustrer et donner plus de réalisme à une scène. C'est par exemple, associé à la photographie d'une voiture visualisée à l'écran, le bruit de démarrage du moteur qui indiquera que cette voiture démarre. Les bruitages peuvent être utilisés pour créer une ambiance (bruit de fond dans un restaurant), mais aussi comme dans les jeux, pour marquer le rythme, les incidents de parcours, les échecs ou les réussites de l'utilisateur.

Images animées

Les images animées sont utiles lorsque il serait trop long ou trop abstrait de donner les informations sous une forme fixe. Comment serait-il possible par exemple, d'expliquer un mouvement de gymnastique en utilisant seulement du texte et du dessin ? L'animation dans ce cas apporte réellement un plus aux explications données. L'animation est d'autre part indispensable lorsqu'elle constitue le sens même de l'information que l'on veut donner, par exemple dans l'explication de la rotation de la terre et de la lune.

Les images animées utilisables en multimédia sont de deux types :

– Les animations graphiques, souvent utilisées pour amuser, dynamiser, donner du rythme, attirer l'attention, ou encore faire comprendre un processus technique.

– La vidéo, la plupart du temps sonorisée, sera utile chaque fois que le réalisme est nécessaire. La vidéo sera ainsi utilisée pour montrer des gestes professionnels, des comportements, et mettre l'utilisateur en situation concrète. Plus généralement, la vidéo peut être exploitée comme elle l'est dans tous les usages intéressants de la télévision. Si la vidéo n'est pas plus présente actuellement dans les produits multimédias, c'est essentiellement pour des raisons techniques (poids des fichiers). Lorsque la technologie aura progressé et offrira des possibilités de décompression matérielle dans tous les postes multimédias, le multimédia sera sans doute plus proche de la « télévision interactive » ou du « film interactif », et utilisera probablement moins d'images fixes qu'actuellement.

6.3.3. Harmonisation et synchronisation des médias

La création d'un produit multimédia implique l'utilisation de plusieurs médias, mais ne sous-entend pas nécessairement la mise en œuvre à tout prix de tous les médias. Certains produits peuvent être d'excellente qualité, sans aucune photographie ou sans aucune séquence vidéo. C'est au concepteur, en fonction de ses objectifs et du message à faire passer, de trouver la place à donner à chaque média, tout en gardant un équilibre entre les médias. Sur le plan de l'utilisation des médias, un objectif que doit avoir le concepteur est la création d'un produit qui constitue un « plus » par rapport aux outils conventionnels qui sont mono-média. Sur le plan de la qualité, signalons d'autre part la nécessité de faire appel à des professionnels de l'image et du son. Nous vivons dans un monde dans lequel nous sommes habitués, en particulier avec la publicité, à une très bonne qualité du son et de l'image et la création multimédia ne supporte pas la médiocrité dans ces domaines. N'oublions pas que la qualité totale du produit sera celle du maillon le plus faible, et que par exemple, l'enregistrement du son « en amateur » ne permet pas d'obtenir un produit de qualité suffisante.

En ce qui concerne la synchronisation entre les images, les textes, la musique et les bruitages, on s'inspirera des techniques bien connues en audiovisuel :

Renforcement

Exemple :

Photographie : immeuble en construction
+ texte écrit : « Les travaux de construction du siège social... »
+ bruitages : bruits de chantier, engins de terrassement...

Complémentarité

Exemple :

photographie : « Les tours de la Défense »
+ bruits d'embouteillage, de klaxon
+ texte voix-off : « L'expansion urbaine de la capitale... ».

Décalage

Exemple :

Photographie : « Les tours de la Défense »
+ musique de J.S. Bach
puis image suivante : Notre Dame.

Opposition

Exemple :

Film d'embouteillage, de conducteurs en colère
+ chants d'oiseaux
+ voix-off douce et détendue

6.3.4. Différentes combinaisons des médias

Selon les médias utilisés et la combinaison de ces médias, on peut aboutir à des produits multimédias de différents types. Le choix des médias sera donc déterminant pour donner un style au produit. Le tableau ci-dessous donne quelques exemples de styles très différents.

Médias dominants	**Style du produit**
Son + photo	Diaporama, documentaire
Photo + texte	Style « roman photo »
Graphismes + texte	BD interactive
Graphismes + son	BD sonorisée interactive
Schémas + texte	Encyclopédies
Priorité à la vidéo	Film interactif

Figure 6.2. *Style de produit en fonction des médias dominants*

6.3.5. Lisibilité et confort de l'utilisateur

Règles de base pour une bonne lisibilité sur écran

La première règle de base à respecter dans tout produit multimédia est celle de la cohérence du produit. Celui-ci sera considéré comme cohérent s'il fait preuve à tout instant d'une homogénéité de la présentation et de ses comportements. L'application multimédia doit être cohérente également avec l'environnement informatique dans lequel elle fonctionne : les boîtes de dialogue présentant des boutons doivent être construites selon les mêmes règles, avec les mêmes libellés et les mêmes valeurs par défaut.

Lisibilité et visibilité

Il convient de bien distinguer ces deux aspects lors de la conception des écrans de l'application. La visibilité consiste essentiellement à attirer l'attention et passera par la création d'icônes ou de pictogrammes dotés de couleurs attirantes. L'œil sera toujours attiré par ce qui est mis en évidence, ce qui ressort des autres informations. Si l'on s'attache par contre à offrir à l'utilisateur une meilleure lisibilité, on n'aura pas nécessairement les mêmes critères concernant le choix des couleurs et la typographie.

Concernant la lisibilité, un des principes de base que l'on doit garder à l'esprit est le principe du moindre effort de l'utilisateur. On respectera aussi les règles élémentaires concernant le sens de lecture, qui dans les civilisations occidentales, s'effectue de gauche à droite et de haut en bas. Il est à noter enfin que création artistique et lisibilité ne sont pas toujours compatibles. Ce sera le rôle du chef de projet de canaliser les concepteurs ou graphistes qui ont parfois tendance à exprimer leur créativité artistique en plaçant la lisibilité au second plan.

Structure et équilibre de l'écran

Une unité dans la composition de l'écran facilite toujours le décodage par l'utilisateur. Il est ainsi fondamental d'utiliser, pour la conception des écrans, une « grille invisible » permettant de créer des présentations homogènes, et d'avoir une unité dans l'aspect visuel de l'application. On veillera à avoir un bon équilibre entre les différents éléments de l'écran, les textes, graphismes ou pictogrammes. L'écran doit être attrayant et donner globalement une impression agréable sur le plan visuel. On veillera à ne pas surcharger les écrans. Il est conseillé de se limiter à une seule idée, ou une seule information principale sur chaque écran. Si toutefois deux sujets doivent être nécessairement traités sur un même écran, une délimitation claire sera nécessaire.

On a souvent intérêt à aérer l'écran en se rappelant que « le blanc fait lire ». Ce qui apparaît en haut de l'écran aura toutes les chances d'être mieux mémorisé par l'utilisateur. Concernant l'équilibre entre les différents médias, attention à la concurrence entre textes et illustrations : graphismes et illustrations auront tendance à plus attirer l'œil et le texte risque d'être le perdant dans cette concurrence.

Pour favoriser la lecture, il est possible d'utiliser l'affichage dynamique des différents éléments composant l'écran, en laissant un temps de lecture entre l'affichage de chaque élément. On évitera d'afficher une succession d'écrans textuels contenant des informations différentes. Il est recommandé dans ce cas, d'intercaler des interactions de scénario entre les différents écrans.

Lisibilité des textes

L'affichage des textes doit bien entendu être impeccable sur le plan du cadrage et de la typographie. Les textes doivent être faciles à lire et affichés avec des couleurs appropriées. Plus le texte affiché est long, plus la typographie et le cadrage doivent être soignés. On se limitera, au point de vue typographie, à deux ou trois formes de caractères différentes. La typographie suit des règles traditionnelles bien établies, et si l'on veut favoriser la lisibilité, on respectera ces règles, par exemple en matière de ponctuation. Dans ce domaine, la tradition et la sobriété l'emportent souvent sur l'innovation et la fantaisie.

Concernant le contenu du texte, le concepteur a tout intérêt à faire preuve de sobriété et de simplicité. Les phrases courtes favorisent la mémorisation par l'utilisateur, et on évitera des textes trop longs, sauf dans le cas particulier de produits de type encyclopédique. Si toutefois le texte représente un volume important, il pourra être structuré selon plusieurs niveaux de lecture : titre, corps du texte, légende, encadrés, informations complémentaires, etc. Dans le cas de textes longs, il est nécessaire de fournir au lecteur les moyens de se rendre directement à la partie qui l'intéresse. Ceci sera effectué en utilisant un accès par mots-clés ou par mots sensibles.

Sur le plan du style, les textes doivent être adaptés au public visé, en particulier par le vocabulaire utilisé. Enfin, concernant les instructions et consignes données à l'utilisateur, celles-ci doivent être formulées de façon très précises et sans ambiguïté.

Graphismes et illustrations

Le graphisme doit être attrayant, et faire l'objet d'une finition soignée. On aura recours aux graphismes, en particulier pour les produits de formation, pour faciliter l'accès à certains contenus austères ou abstraits. Dans le domaine du graphisme, le style réaliste n'est pas nécessairement le plus efficace, et certains thèmes se prêteront aisément à l'usage de graphismes de style BD. Les schémas ou dessins de type « industriel » peuvent être à la fois précis, rigoureux et néanmoins attrayants et colorés. Dans tous les produits multimédias, le recours au graphisme doit être bien dosé, et correspondre à une utilisation justifiée. On évitera ainsi les graphismes « gadgets » et « tape à l'œil », qui risquent de faire passer au second plan des informations riches en contenu.

Utilisation des couleurs

Les couleurs doivent être variées, agréables et reposantes pour l'utilisateur. De la même façon que pour la typographie, il est souhaitable de conserver une unité dans l'utilisation des couleurs afin d'habituer l'œil et d'offrir à l'utilisateur un décodage facile. Pour cela, le nombre de couleurs différentes sera limité et on appliquera la règle : « toute différence de couleur doit être porteuse d'une signification ». La charte graphique pourra se baser par exemple sur l'utilisation de 5 couleurs, indépendamment des couleurs utilisées dans les graphismes et illustrations :

– couleur du fond de la page, qui devra être constante, tout changement ayant une signification (par exemple, changement de thème traité ou de chapitre) ;
– une couleur courante utilisée pour les textes informatifs ;
– une ou deux couleurs « d'attention », plus voyantes, et utilisées par exemple pour les informations très importantes, pour les questions posées à l'utilisateur, ou les mots sensibles dans le cas d'hypertexte ;
– une couleur « d'exception », utilisée pour signaler à l'utilisateur ses erreurs ou ses mauvaises manipulations.

Les couleurs d'attention et d'exception ne devront bien entendu être utilisées que lorsque c'est absolument nécessaire. Il ne faut pas oublier que moins une couleur apparaît souvent, plus elle aura d'impact.

Le choix des couleurs utilisées doit tenir compte de l'attrait qu'exerce les couleurs sur l'œil. De ce point de vue, les couleurs peuvent être classées de la façon suivante, de la plus attirante à la moins attirante lorsqu'elles sont placées sur un fond gris moyen :

jaune ;
orange ;
vert :
rouge ;
cyan ;
magenta ;
bleu ;
blanc.

Il ne faut pas oublier d'autre part que le blanc et le gris sont utiles, et que plus rares seront les couleurs vives, plus utiles et efficaces elles seront.

Le code des couleurs utilisées doit d'autre part respecter les conventions d'usage et la symbolique qui est la leur pour le public visé.

Couleur	**Signification**
jaune ou orange	Attention
rouge	Stop, interdit, danger, mais aussi force, puissance, brutalité
vert	Autorisé, juste mais aussi espoir
bleu	Couleur du ciel ou de la nuit, puissance spirituelle et surnaturelle
violet	Tristesse, piété et secret
noir	Deuil, respect
blanc	Innocence et pureté

Figure 6.3. *Code des couleurs dans la société occidentale*

Utilisation du son

Le son dans un produit multimédia est utilisé de différentes façons : bruitages, son d'ambiance, musique, voix-off en décalage avec l'image, etc. Le son devra toujours être choisi en adéquation et en cohérence avec l'image. Si l'on diffuse une musique de fond, elle risque de paraître un peu répétitive après un temps d'utilisation du produit. Il est dans ce cas essentiel de donner à l'utilisateur la possibilité de la supprimer. De la même façon que l'on utilise sur le plan visuel des pictogrammes pour favoriser la visibilité de certaines fonctions et le repérage de l'utilisateur, le son pourra être utilisé avec profit sous forme de jingles ou « sonogrammes », chacun doté d'une signification (un sonogramme pour les situations d'attente, un pour l'entrée dans un nouveau thème, etc.). Enfin, sur le plan du confort de l'utilisateur, il est impératif que le volume sonore soit réglable aisément.

6.4. Interactivité

Sans l'interactivité, le multimédia, en combinant textes, graphismes, son, photographies et films n'apporterait rien par rapport aux techniques utilisées en audiovisuel, diaporama ou télévision. Un maximum d'interactivité est donc nécessaire pour qu'un produit multimédia soit réellement attrayant et utile.

L'interactivité permet à l'utilisateur de maîtriser le déroulement des opérations, par une consultation « à la carte », en obtenant la bonne information au bon moment. C'est aussi l'interactivité qui permet à l'utilisateur débutant de se débrouiller seul, à son rythme, pour découvrir les informations données par le produit. Mais une bonne interactivité induit également une augmentation du nombre de parcours possibles et augmente donc l'attrait sur l'utilisateur. Un produit fortement interactif a généralement une durée d'utilisation plus longue.

Enfin pour la formation, l'interactivité a pour effets essentiels de favoriser l'assimilation et d'individualiser les parcours et donc la formation, en donnant à l'apprenant les moyens d'être acteur de sa formation.

6.4.1. Quelques reflexions sur l'interactivité

Il existe à peu près autant de formes et de styles d'interactivités que de produits multimédias différents. De nombreuses définitions sont couramment utilisées pour préciser le terme d'interactivité. Le plus souvent, l'interactivité est définie par opposition aux médias conventionnels et en particulier, par rapport à la télévision. L'interactivité est ainsi opposée à la linéarité et consiste à rompre la séquentialité du déroulement (interrompre une séquence, passer à la suite, retourner en arrière, etc.). Cette rupture de la linéarité des présentations des informations n'est pas la seule composante de l'interactivité.

Si l'on prend le terme interactivité au sens strict, il désigne une action réciproque d'un partenaire sur l'autre : l'utilisateur agit sur l'ordinateur, l'ordinateur agit sur l'utilisateur. L'interactivité est une succession de ces actions-réactions (ou interactions) qui sont dépendantes les unes des autres. L'interactivité passe par le dialogue entre l'utilisateur et la machine : pour qu'il y ait interactions, il faut des moyens de communication, de dialogue. Ces moyens sont, dans un sens, l'écran et les haut-parleurs, et dans l'autre sens la souris, le clavier et le cas échéant un écran tactile.

Ces moyens de communication seront enrichis dans l'avenir par la synthèse de la parole, la reconnaissance vocale ou encore l'écriture manuscrite.

Ainsi, l'interactivité est donc basée sur un échange dans les deux sens : l'utilisateur agit sur l'ordinateur pour changer le déroulement du programme, l'ordinateur agit sur le comportement de l'utilisateur par des commentaires ou des conseils.

Deux niveaux d'interactivité peuvent être distingués :

– l'interactivité de niveau 1, ou interactivité de pilotage, permet d'accéder aux informations et de conduire le déroulement du programme ;

– Le second type d'interaction constitue l'interactivité de niveau 2, ou interactivité de scénario ou encore interactivité de contenu. Ces interactions concernent le contenu ou le sujet qui est traité dans le produit. Dans le multimédia pédagogique en particulier, les interactions de scénario vont permettre de vérifier l'assimilation des concepts par l'apprenant, d'individualiser les chemins pris en fonction de son niveau ou de ses représentations mentales, ou encore de faire des exercices de renforcement.

6.4.2. Interactivité de pilotage ou interactivité de niveau 1

Grâce à cette interactivité, le programme se déroule au fur et à mesure des actions de l'utilisateur, qui a la possibilité de :

– Choisir dans un menu, un sommaire ou une liste ;
– Arrêter à tout moment (ou en tous cas aux moments autorisés et prévus par le concepteur) ;
– Reprendre quand il veut ;
– Naviguer en « surfant » ;
– Approfondir un point particulier ;
– Demander de l'aide ;
– Interrompre une séquence vidéo ou un message sonore ;
– Revoir une séquence vidéo ou réécouter une séquence sonore ;
– Revenir en arrière (écran précédent) ;
– Rechercher une information, une définition au moyen de mots-clés ou dans une liste (hypertexte) ;
– Désigner dans un schéma pour zoomer (hypermédia).

Dans la consultation d'un multimédia, l'utilisateur doit toujours avoir le « droit à l'erreur » et la possibilité de changer d'avis. On doit lui laisser par exemple la possibilité d'interrompre rapidement l'action qu'il a demandé sans être obligé de la subir jusqu'au bout (interruption d'une séquence vidéo demandée, d'un message sonore, etc.).

6.4.3. Interactivité de scénario ou interactivité de niveau 2

Grâce à l'interactivité de scénario, le programme adapte son déroulement, son contenu et sa forme en fonction de données concernant l'utilisateur. L'interactivité de scénario a depuis longtemps été utilisée en EAO, et est surtout mise en œuvre aujourd'hui dans le multimédia pédagogique. En particulier en mode « tutoriel », l'interactivité permet à l'ordinateur, en posant des questions à l'utilisateur, de vérifier l'assimilation des éléments de contenu, étape par étape. Ce type d'interactivité permet une pédagogie de la découverte et permet à l'utilisateur d'essayer, d'expérimenter en répondant aux questions posées par l'ordinateur. C'est aussi cette interactivité de niveau 2 qui permet à l'utilisateur, par exemple, dans un programme de simulation de déplacer les objets sur un schéma, de régler des paramètres de simulation, de manipuler des leviers, etc.

L'interactivité de scénario tient dans certains produits une place prépondérante. C'est ainsi que la méthode pédagogique « Renforcement des ressources mentales », mise au point par l'AFPA et mise sous forme multimédia dans le produit Arcane, tient compte, pour orienter la formation de l'apprenant, de la façon dont il répond aux questions posées et de son cheminement (fréquence d'appels au dictionnaire, cheminement méthodique ou désorganisé), etc.

L'interactivité, à son stade le plus élaboré, peut tenir compte, pour le déroulement du programme, de données enregistrées tout au long du dialogue avec l'utilisateur : son âge, sa profession, le chemin déjà parcouru dans le produit multimédia, les autres titres multimédias déjà connus, ses connaissances, ses représentations mentales, ses comportements, la réponse à une question particulière, ou la façon de répondre (temps, nombre d'essais). On peut ainsi personnaliser le contenu, la forme des informations ou le style des présentations en fonction de l'expérience, du métier ou de l'âge de l'utilisateur, ou changer le degré d'approfondissement en fonction des chemins déjà parcourus ou du niveau choisi. On peut ainsi imaginer un titre multimédia qui permette de visiter le musée du Louvre, en présentant les œuvres de façon différente pour le néophyte, pour l'expert en arts plastiques ou encore pour l'adolescent curieux. Une des preuves de réelle interactivité sera ainsi la certitude que deux utilisateurs différents n'auront pas vu ni entendu les mêmes informations à l'issue de la consultation du produit.

Un autre signe de forte interactivité est le fait que l'ordinateur fera le minimum de choses sans action spécifique de l'utilisateur. L'ordinateur sera dans ce cas parcimonieux sur la diffusion des informations contrairement par exemple à la télévision, ou aucune action n'est nécessaire de la part de l'utilisateur, pour qu'il y ait déroulement de l'émission ou du film.

L'interactivité de scénario est souvent associée à une « simili-intelligence » de l'ordinateur. C'est cette introduction de simili-intelligence dans le programme, et non la constitution de connaissances encyclopédiques, qui fait l'intérêt du multimédia et sa spécificité. C'est donc autant dans la façon dont les connaissances sont livrées à l'utilisateur que dans ces connaissances elles-mêmes que résident les chances de succès d'un produit.

L'interactivité peut donc déterminer les informations à transmettre à l'utilisateur, mais peut aussi avoir une incidence sur la forme de ces informations. C'est ainsi que, selon la sensibilité de l'utilisateur, on pourra privilégier pour certains l'utilisation de textes écrits, et pour d'autres des commentaires en voix-off.

Exemple d'interactivité extrême : le journal télévisé interactif et individualisé

– Interactivité de niveau 0 : le journal télévisé, tel qu'il est actuellement, présente des images animées, des sons, parfois des textes et des illustrations, mais sans interactivité. Les seules possibilités offertes au téléspectateur sont de suivre passivement, de changer de chaîne, ou de s'endormir.

– Interactivité de niveau 1: c'est le cas d'un journal diffusé par exemple sur Internet, qui permet d'accéder, par un menu, aux différentes rubriques et sous-rubriques, de visionner ou non certaines séquences filmées, d'approfondir les informations données, ou encore de questionner une banque de données économiques.

– Interactivité de niveau 2 : on trouvera ici les mêmes fonctionnalités de navigation, mais avec une différenciation des présentations, selon l'âge de la personne, ses centres d'intérêts, etc. L'individualisation passe ici nécessairement par un dialogue entre le programme multimédia et l'utilisateur. Par exemple, si l'on a choisit de voir une séquence et des informations sur le Rwanda, le programme demandera « Savez-vous où se trouve le Rwanda ? », question à laquelle on devra répondre en cliquant sur une carte. Après une série de questions de ce type, et en fonction de mes données personnelles enregistrées (âge, formation, profession), en fonction de mes réponses aux questions, et donc de mes connaissances du sujet ou de mes représentations mentales, le présentateur adaptera son discours et me donnera des informations personnalisées.

6.4.4. Mémorisation d'informations liées à l'interactivité

Il est possible, dans un programme multimédia, de mémoriser des informations concernant l'utilisateur et son parcours. Les informations peuvent être conservées sous forme de fichiers, soit sur le disque dur du poste de consultation, si l'on est en off-line, soit sur le serveur si l'on est on-line. La conservation d'informations nécessite d'identifier l'utilisateur par son nom, un pseudonyme ou un code. Il est à noter enfin que la conservation d'informations implique des contraintes de gestion et de purge des fichiers.

On peut ainsi mémoriser différentes informations concernant l'utilisateur, et en particulier :

– le chemin qu'il a parcouru dans le produit ;
– ses résultats aux tests ou aux jeux ;
le temps passé à utiliser le produit, information utile à la fois pour une analyse par individu, et pour obtenir des statistiques globales sur l'utilisation du produit.

La conservation d'informations permet à l'utilisateur de ne pas recommencer sa consultation dès le départ, à chaque visite. Ceci est particulièrement agréable dans le cas de CD-Rom culturels ou muséographiques, qui offrent de nombreuses possibilités de consultation. Dans le cas particulier d'un module de formation multimédia, la conservation d'informations est impérative. En effet, il est indispensable, lorsque la formation est longue, de pouvoir la fractionner, et donc d'enregistrer dans le produit multimédia, le chemin parcouru par l'apprenant, afin de disposer d'un « point de reprise ». L'apprenant peut ainsi, dans certains systèmes sophistiqués, reprendre sa formation exactement là ou il en était, en retrouvant tout son contexte personnalisé.

Dans le multimédia pédagogique, on mémorise également, lorsque c'est utile au suivi et à la gestion de la formation, les temps passés par les apprenants, les résultats aux exercices ou aux tests d'évaluation, etc. Cette conservation d'informations est liée étroitement à la culture de l'entreprise et à ses pratiques en matière de formation du personnel. L'expérience montre dans ce domaine qu'il est préférable de mémoriser des informations en petite quantité, mais que l'on saura bien exploiter, plutôt que de vouloir tout conserver, et d'aboutir à une masse d'informations volumineuse et inexploitable. On prendra garde, toutefois, lorsque la mémorisation d'informations nécessite une identification de l'utilisateur, de ne pas emprisonner celui-ci dans un fonctionnement trop strict, et de lui laisser la possibilité d'un mode de consultation « anonyme », sans enregistrement de ses données.

Enfin dans les applications de borne interactive, des informations sont conservées dans de nombreux cas, soit pour recueillir les coordonnées des utilisateurs, soit pour procéder à des statistiques sur les consultations.

6.4.5. Cas particulier du multimédia de formation : l'interactivité au service de la stratégie pédagogique

Dans un produit multimédia de formation, les questions posées à l'apprenant peuvent être de différents types et de nature variée. On prendra soin de bien choisir le type d'interaction le plus adapté à l'objectif de la question. Les questions posées peuvent en effet servir à évaluer les connaissances, orienter l'apprenant, renforcer sa motivation, etc. Dans tous les cas, on abordera un seul concept important par question. Selon la stratégie pédagogique que l'on souhaite mettre en œuvre, on autorisera l'utilisateur à proposer plusieurs réponses (droit à l'erreur), ou au contraire on limitera à une seule réponse. Dans de nombreux cas, une bonne approche pédagogique consiste à laisser l'utilisateur répondre autant de fois qu'il veut, mais avec une requête « solution » disponible après plusieurs tentatives infructueuses. Ceci permettra de n'avoir jamais de blocage de l'utilisateur sur une question dont il ne connaît pas la réponse.

En réaction aux réponses de l'apprenant, l'ordinateur enverra, sous forme de commentaires, des éléments d'aide lui permettant de corriger sa réponse. Dans certains cas, il sera nécessaire dans le didacticiel, de reformuler la question pour une meilleure compréhension par l'apprenant. Lorsqu'enfin le didacticiel donnera la solution, il devra le faire non pas de façon brute, mais accompagné d'explications de renforcement.

6.4.6. Différentes formes d'interactions dans un multimédia pédagogique

Toutes les formes de questions citées ci-après peuvent être soit « à jugement de réponse » avec la notion de bonne réponse ou de mauvaise réponse, soit « sans jugement », par exemple pour choisir les paramètres d'une simulation, ou le niveau d'un exercice.

On distingue généralement les types de question suivants :

Questions à choix multiple (QCM)

Un QCM peut être à réponse unique (l'utilisateur doit donner une seule réponse) :

Exemple :

```
Dans la liste ci-dessous désignez un conifère :

  Le cèdre
  Le pin noir
  Le hêtre
```

Un QCM peut être à réponses multiples, lorsque plusieurs réponses justes doivent toutes être données par l'utilisateur.

Exemple :

```
Quels sont, dans la liste ci-dessous, les conifères ?

  Le cèdre
  Le pin noir
  Le hêtre
```

Un QCM peut être présenté de différentes façons, les mots pouvant être donnés en liste ou dans une phrase, les zones à cliquer pouvant être dans un dessin, la zone étant visible ou invisible.

Questions à choix unique

Forme particulière de QCM, avec deux possibilités de réponse (vrai et faux). Une telle question peut être formulée de façon interrogative :

`Le cèdre est-il un conifère ?`	Oui	Non

Elle peut être formulée également sous forme d'affirmation :

`Le cèdre est un conifère`	Vrai	Faux
`Le pin noir est un conifère`	Vrai	Faux
`Le hêtre est un feuillu`	Vrai	Faux

Enfin, il est possible d'utiliser une forme spécifique au contenu des affirmations :

`Les arbres suivants sont-ils des conifères ou des feuillus ?`

`Le cèdre`	Conifère	Feuillu
`Le pin noir`	Conifère	Feuillu
`Le hêtre`	Conifère	Feuillu

Appariements

Un appariement consiste à associer des éléments deux à deux, en les prenant dans des listes différentes.

Exemple : « `Attribuez à chaque dessin le nom de l'arbre représenté` ».

La réponse à un appariement peut se faire soit par un clic dans une liste, puis un clic dans l'autre liste, soit par une opération de « cliquer-glisser ». Attention, il sera nécessaire, dans un même produit, d'utiliser toujours la même ergonomie, et la même façon de répondre.

Remise en ordre

Ce type de question consiste à retrouver l'ordre des opérations constituant une procédure.

Exemple :

```
Reconstituez l' ordre des opérations pour faire un café :
```

Appuyer sur le bouton de marche	1
Mettre le café dans le filtre	2
Attendre que le café soit passé	3
Mesurer l' eau et la mettre dans la cafetière	4

La réponse à une question de remise en ordre peut se faire, soit par appariements successifs (cliquer sur une phrase ou un objet et le mettre à sa place dans une case), soit par « sollicitation itérative » (le programme fait clignoter la case n°1 et l'utilisateur doit cliquer sur la phrase ou l'objet qui correspond, puis la case n° 2 clignote, etc.).

Questions à désignation graphique

Une question de ce type invite l'utilisateur à désigner un point sur un dessin. Exemple : « Désignez sur le schéma le condensateur » « Montrez sur la carte la ville de Los Angeles ».

Une telle question revient à un QCM puisqu'il faut prévoir les différentes possibilités de réponse, mais avec moins de guidages pour l'utilisateur, puisque les possibilités de réponses ne sont pas nécessairement indiquées et peuvent sembler infinies.

Manipulations d'objets

Il peut être utile, dans certains cas, de demander à l'apprenant de déplacer des objets sur l'écran. Exemple : remettre un symbole à sa place dans un schéma, reconstituer un puzzle, faire pivoter un objet, etc. Si la question est « à jugement de réponse », le traitement est ici complexe si on veut prendre en compte toutes les possibilités.

Questions ouvertes

Une question ouverte peut être formulée de plusieurs façons :

- Formulation interrogative :
« Qui a inventé le téléphone ? ....»
- Texte à trous :
« Ce matin j' ai enten...... les oiseaux chant......... »
- Forme « texte libre » :
« Donnez ici vos suggestions : .... »

Dans ce dernier cas, la réponse n'est bien entendu pas analysée, mais stockée en vue d'un traitement ultérieur.

Questions utilisant le son ou la vidéo

– Comparaison de séquences : pour tous les contenus de formation relatifs à des comportements, on utilisera avec profit la comparaison de plusieurs séquences vidéo, en demandant à l'apprenant de choisir le meilleur comportement, ou de classer ces séquences dans l'ordre de préférence.

– Détection d'erreur : ce type d'interaction consiste à demander à l'apprenant, pendant le déroulement d'une séquence vidéo, de cliquer lorsqu'il voit une erreur de comportement ou de manipulation.

– Interaction « film tronqué » : après le déroulement du début d'une séquence, le programme fait un arrêt sur image et pose la question : « A votre avis, que va répondre la cliente ? ».

– Appariement entre des séquences vidéo ou des séquences sonores. Par exemple, pour un produit de formation destiné à des opératrices téléphoniques, associer d'une part des phrases prononcées par la personne qui appelle et d'autre part les réponses formulées par l'opératrice.

– Séquence vidéo sans commentaire, en demandant à l'apprenant de retrouver dans une liste écrite le commentaire le plus approprié.

– Reconstitution de l'ordre des opérations avec affichage du résultat obtenu sous forme d'une séquence vidéo. A noter qu'il faut, dans ce cas, prévoir tous les cas de figure au moment du tournage vidéo.

– Choix de la position de vision : dans une scène donnée, permettre à l'apprenant de choisir entre plusieurs positions de la caméra (de face, de dessus, etc.). Là encore, il est impératif de prévoir toutes les possibilités au moment du tournage.

Les technologies qui se développeront dans les années à venir permettront d'imaginer de nouvelles formes de questions et d'interactions, par exemple grâce à la reconnaissance vocale ou l'écriture manuscrite.

6.5. Navigation et parcours

6.5.1. Différents types de parcours dans un produit multimédia

Le parcours des utilisateurs dans un produit multimédia peut être organisé de différentes façons. Au moment de la conception du produit, il est nécessaire d'élaborer un graphe du déroulement, le changement d'état dans un graphe pouvant se faire par une action ou une requête de l'utilisateur (mode « exploration »), ou par la réponse à une question (mode EAO tutoriel).

Dans les figures ci-après, les états du graphe S1, S2, S3, etc., représentent chacun une « scène ». Les flèches représentent le passage d'une scène à l'autre, en fonction d'une condition ou d'un événement.

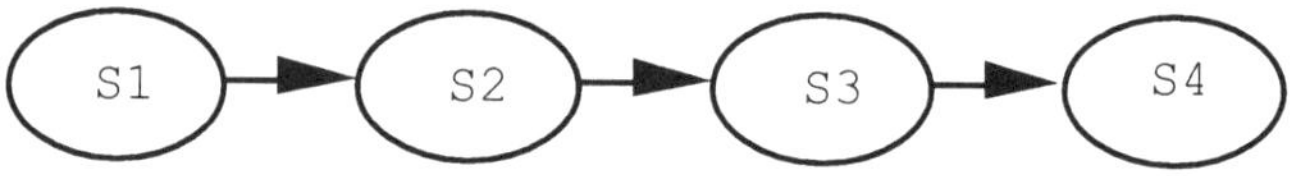

Figure 6.4. *Parcours linéaire*

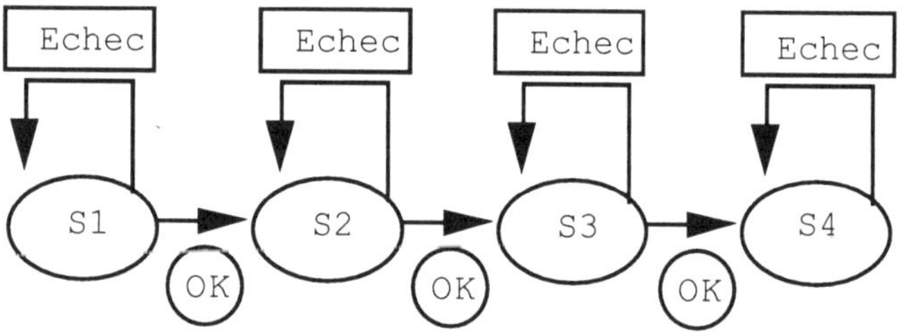

Figure 6.5. *Parcours linéaire de type « Enseignement programmé » (souvent utilisé dans les premiers didacticiels)*

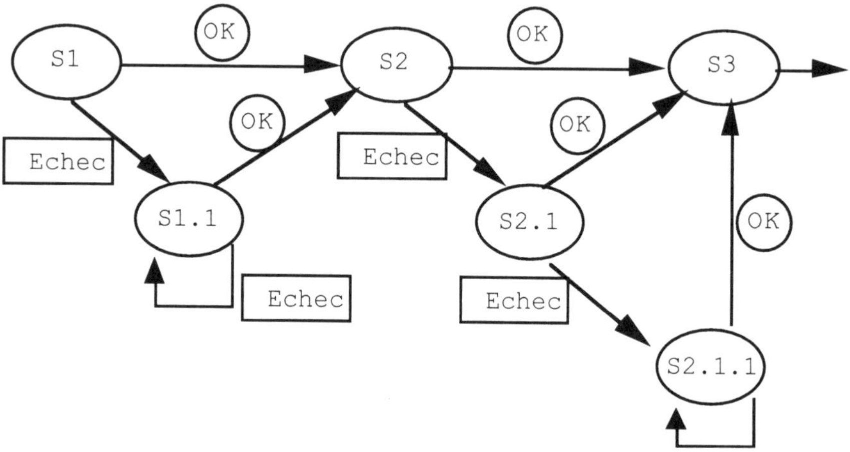

Figure 6.6. *Parcours linéaire individualisé en dent de scie (didacticiels plus élaborés)*

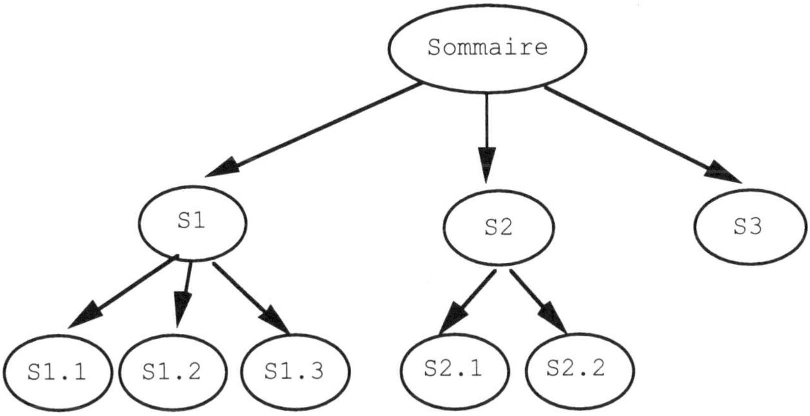

Figure 6.7. *Parcours arborescent (les plus courants et les moins attrayants)*

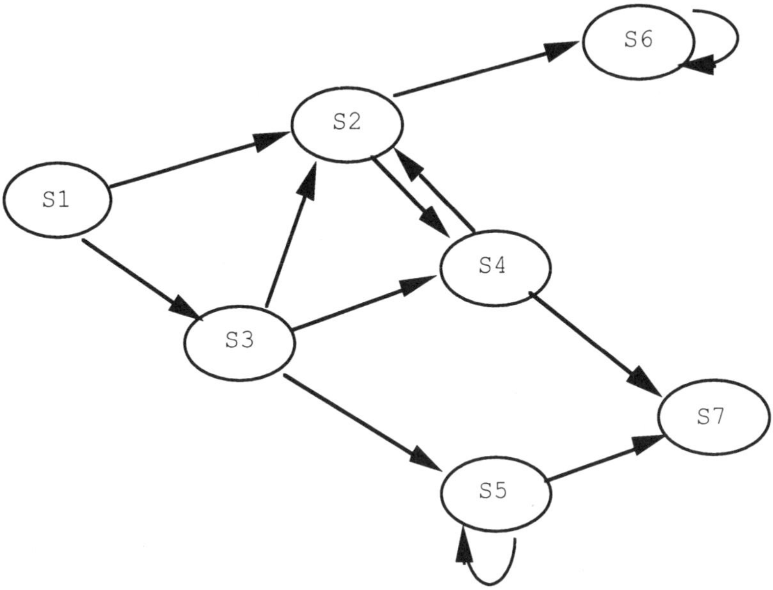

Figure 6.8. *Parcours en graphe*

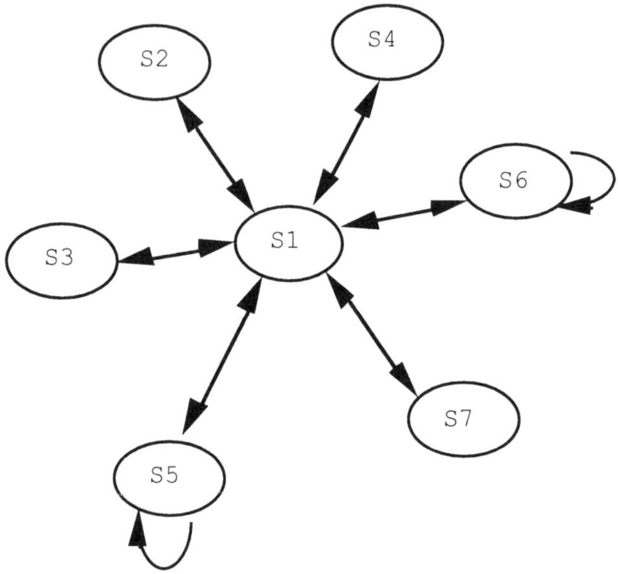

Figure 6.9. *Cas particulier de graphe : le graphe avec « point central »*

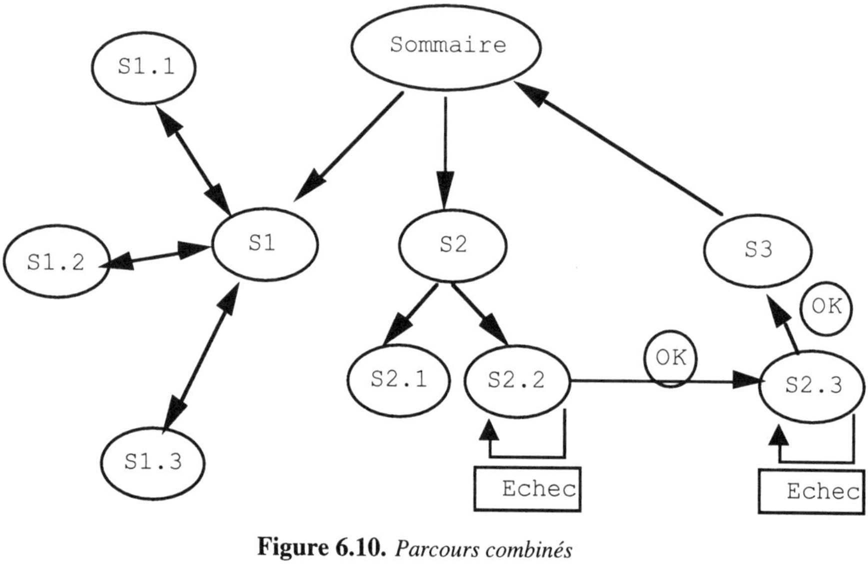

Figure 6.10. *Parcours combinés*

Les parcours combinés, reprenant les avantages des différents types de parcours, sont de loin les plus intéressants et les plus efficaces en matière de formation.

6.5.2. Recommandations en matière de navigation et de parcours

Il est souhaitable que le parcours de l'utilisateur puisse s'effectuer de plusieurs manières : accès par sommaire, recherche par mots-clés, liens hypertextes, accès par cartes ou par schémas, accès chronologique, etc. On ne sait pas à l'avance comment l'utilisateur souhaitera parcourir le produit. Il peut à certains moments vouloir parcourir séquentiellement un chapitre ou un thème complet, puis à d'autres moments, accéder à des items précis. Pour être efficace, il est nécessaire que la navigation soit rapide et que l'ordinateur réagisse rapidement aux requêtes de l'utilisateur.

Des boutons de navigation doivent être disponibles à tout moment pour revenir au sommaire, aux « grands carrefours » du produit, à l'écran précédent, etc. Pendant toute sa navigation, on fera en sorte que l'utilisateur puisse se repérer, savoir où il se trouve à un instant donné, savoir ce qu'il a déjà vu (fonction « historique »), connaître ses résultats et sa progression.

Dans le cas particulier du multimédia de formation, on veillera à ne pas mettre en place des parcours trop stricts, en utilisant une démarche pédagogique basée sur la navigation dans le produit. Les formateurs apprécient d'autre part de pouvoir, lors de l'utilisation du multimédia dans un cours collectif, accéder précisément à des « blocs pédagogiques », sans être obligé de dérouler un chapitre complet.

Enfin, il faut prendre en considération, lors de la mise en œuvre du graphe du parcours, la surprise et l'imprévu, qui permettront de capter l'attention de l'utilisateur, et d'attiser sa curiosité.

Opposition entre excitation et repérage de l'utilisateur

Plus le graphe d'un produit multimédia est complexe, plus le produit a des chances d'être captivant et donnera lieu à de longues utilisations sans cesse différentes. Le graphe peut réellement être très complexe, comme c'est le cas dans les jeux d'aventure, avec, dans certains cas, une évolution du graphe lui-même en cours de parcours, en fonction de tirage aléatoire ou d'autres paramètres (niveau de l'utilisateur, nombre de points accumulés, etc.). Ce type de conception, malheureusement trop rarement mise en œuvre dans les produits multimédias, renforce le caractère d'impredictibilité dans le déroulement du produit et donc la curiosité et l'excitation de l'utilisateur, quel que soit le domaine d'application.

La seule difficulté dans ce cas est le repérage de l'utilisateur dans son parcours. Plus le graphe est complexe et se modifie au cours du temps, moins l'utilisateur aura une idée précise de ce qu'il a déjà vu et de ce qui lui reste à parcourir. Ceci est parfois un dilemme pour les concepteurs de produits pédagogiques, dans lesquels il est impératif de respecter un bon équilibre entre excitation de l'utilisateur et repérage. A l'opposé, les parcours arborescents permettent un repérage aisé, puisqu'on peut marquer graphiquement les branches de l'arbre qui ont été parcourues, mais manquent dramatiquement de surprises et d'imprévus.

6.6. Ergonomie

Dans de nombreux cas, l'utilisateur du produit multimédia n'est pas un familier de la micro-informatique. L'ergonomie devra donc être particulièrement bien conçue et en particulier dans le cas où l'on s'adresse à des personnes n'ayant jamais utilisé souris et clavier. Dans les produits multimédias de formation s'adressant à des publics de bas niveau de qualification, ayant souvent des craintes vis-à-vis de l'informatique, l'ergonomie du produit sera déterminante pour que la formation soit bien acceptée. Sauf dans le cas de produits très spécifiques comme les simulateurs de processus industriels, on considère que toute personne doit pouvoir utiliser un produit multimédia (avec cependant des prérequis de lecture, écriture, et de connaissance de la langue utilisée).

Quel que soit le public visé, il faut avoir à l'esprit que l'utilisateur attend toujours des produits multimédias simples à installer et à mettre en œuvre, avec une ergonomie la plus intuitive possible. Là encore, comme en matière de lisibilité, le principe du moindre effort doit être retenu.

6.6.1. Ergonomie et créativité : des logiques différentes

Pour qu'un produit multimédia soit efficace et attrayant, le scénario et les différents parcours offerts à l'utilisateur, doivent être empreints d'impredictibilité, voire de surprise, sur le plan du contenu. Par contre, au niveau de l'ergonomie du produit, on s'efforcera d'avoir la meilleure predictibilité possible : les conséquences d'une action de l'utilisateur, comme le clic sur un bouton, seront toujours les mêmes. Il est ainsi nécessaire de normaliser les conséquences des actions de l'utilisateur.

D'autre part, la création artistique et l'ergonomie ne vont pas toujours dans le même sens. Cela a été dit déjà en ce qui concerne la lisibilité des textes, il est vrai que l'on rencontre parfois des produits multimédias d'une grande richesse graphique, mais dont l'ergonomie n'est pas très bonne. Ceci se vérifie en particulier avec l'utilisation de nouveaux outils logiciels, avec lesquels certains infographistes ont tendance à vouloir utiliser tout ce que l'outil peut faire comme effets spéciaux. On aboutit alors à des applications bariolées et clinquantes, mais au détriment d'une bonne ergonomie et d'une bonne lisibilité. Il est souvent plus efficace, en matière d'ergonomie, d'élaborer une charte graphique plus simple et plus sobre.

On constate que, si l'ergonomie du produit n'est pas bonne, l'utilisateur va augmenter ses efforts pour utiliser correctement le produit, mais ce sera très certainement au détriment de sa motivation, de la mémorisation et de l'assimilation du contenu. Une mauvaise ergonomie peut être lourde de conséquences dans un multimédia de formation.

6.6.2. Ergonomie et dialogue

L'interactivité passe nécessairement par le dialogue avec l'ordinateur, qui aujourd'hui repose sur l'utilisation de la souris et du clavier

Il est fondamental pour mettre en place une bonne ergonomie du produit, d'exploiter au mieux l'utilisation de ces périphériques relativement rudimentaires. L'utilisation de la souris est bien entendu souhaitable dans la plupart des cas, car elle apporte un dialogue plus intuitif que le clavier. Contrairement à ce qui est pratiqué dans certains logiciels destinés à un usage professionnel, il est préférable, dans un produit multimédia, d'utiliser une seule touche de la souris.

L'utilisation de la souris n'exclut pas que le clavier soit utile dans certains cas, par exemple pour l'identification de l'utilisateur, pour saisir ses remarques et suggestions, répondre à des questions ouvertes dans un module pédagogique, etc.

Bien entendu, tous les boutons et icônes utilisés doivent être explicités de façon très claire. L'utilisateur doit pouvoir facilement se remémorer le rôle de chaque icône ou de chaque bouton.

Pour toutes les interactions basées sur la souris, il sera nécessaire de bien identifier les zones sensibles, par exemple, par un changement de la forme du curseur. On peut également, dans certains cas, utiliser des formes de curseur différentes en fonction de ce que l'utilisateur est en train de faire, un peu à la manière des logiciels de dessin, ou le curseur prend la forme d'une main, d'un pinceau ou d'une gomme, selon l'action en cours. Ainsi, dans un multimédia de simulation par exemple, on pourra faciliter le repérage de l'utilisateur par l'utilisation de formes de curseur adaptées à l'action en cours.

Enfin, pour que l'interactivité soit efficace, l'ordinateur doit réagir rapidement aux demandes de l'utilisateur. Si le produit est stocké sur CD-Rom, les temps d'attente peuvent parfois être relativement longs. Il sera nécessaire dans ce cas, de toujours indiquer à l'utilisateur, dans la mesure du possible, une évaluation du temps qu'il doit attendre. La mise en place d'une bonne ergonomie nécessite de faire mieux que l'affichage du traditionnel sablier. On peut définir plusieurs niveaux de temps d'attente, en fonction des informations recherchées, et utiliser éventuellement plusieurs formes de curseur, ou la technique des « thermomètres », avec la possibilité d'interrompre la recherche d'informations par l'utilisateur.

6.6.3. Consignes données à l'utilisateur

L'ordinateur doit toujours indiquer à l'utilisateur ce qu'il attend de lui, en exprimant des consignes claires et précises. Cette clarté des consignes est particulièrement importante dans les cas de manipulations, d'exercices, ou de questions d'évaluation. Par exemple, dans les interactions complexes de type appariement ou remise en ordre, on pourra faire clignoter le curseur ou les zones actives. Bien entendu, les consignes, si elles sont exprimées sous forme textuelle, devront toujours être affichées de la même façon : même emplacement sur l'écran, même police de caractère, etc., et de façon très distincte du texte informatif. Si les consignes sont exprimées par une voix-off, on réservera une voix à cet effet, différente des autres voix utilisées dans le produit.

6.6.4. Requêtes-utilisateur

Les requêtes nécessaires pour que l'utilisateur pilote aisément le déroulement du produit sont :

- Passer à la suite,
- Retour à l'écran précédent,
- Retour à la séquence précédente,
- Retour sommaire,
- Aide sur le contenu ou aide pédagogique,
- Aide opératoire,
- Approfondissement,
- Afficher l'historique,
- Feuilleter rapidement en avant ou en arrière,
- Quitter.

Requêtes liées au son :

- Couper le son,
- Réactiver le son,
- Interrompre le message sonore en cours,
- Réécouter le dernier message sonore,
- Réglage du volume sonore.

Requêtes liées à la vidéo :

- Choix d'une séquence à visualiser et démarrage de la séquence,
- Interrompre la séquence en cours,
- Arrêt sur image (Pause),
- Défilement rapide avant,
- Défilement rapide arrière.

Ces requêtes sont généralement accessibles par des boutons, placés le plus souvent de façon horizontale en bas de l'écran, ou plus rarement de façon verticale, sur la droite de l'écran. On prendra soin de placer les boutons selon leur fréquence d'utilisation, la requête la plus utilisée se situant sur la droite, dans le cas d'une situation horizontale, ou en bas, dans le cas d'une présentation verticale. On aura intérêt d'autre part, à rassembler visuellement par groupe les boutons ayant un rôle proche : par exemple, suite et retour, ensemble des commandes vidéo, etc.

Les requêtes doivent être accessibles en permanence, ou du moins chaque fois qu'elles ont un sens. Si l'on souhaite que les boutons de requête soient doublés par des touches de fonction du clavier, on affichera en permanence, par des représentations graphiques, le rôle des touches de fonction sur l'écran. Bien entendu, il est nécessaire de créer les pictogrammes les plus explicites possibles, et d'offrir à l'utilisateur une aide en ligne, si les requêtes sont trop nombreuses. Dans le cas où les requêtes ne sont pas toutes actives en permanence, on prendra soin de visualiser d'une manière différente les boutons inactifs et le cas échéant, les touches de fonction inactives.

6.6.5. Ergonomie et découpage de l'écran

Une bonne ergonomie passe par un écran bien structuré. Tous les écrans de l'application doivent être homogènes, avec la même utilisation des différentes zones, la difficulté étant dans ce cas pour le concepteur, d'éviter la monotonie. On prendra soin de délimiter nettement la zone de travail, les zones de question, les zones de réponse, etc. Bien entendu, la qualité graphique des différents éléments, ainsi que le choix des couleurs, contribuent à une bonne ergonomie.

6.6.6. Cas particulier du multimédia de formation : ergonomie et interactivité

Dans un multimédia pédagogique, les questions posées à l'apprenant doivent, en général, utiliser un vocabulaire simple et précis. Elles doivent être exprimées de façon courte, concise, et sans ambiguïté. L'utilisation du clavier peut être justifiée pédagogiquement, si l'on veut avoir recours à des questions ouvertes courtes. Il n'est en effet pas équivalent, sur le plan pédagogique, de poser la question « Quelle est la capitale des Etats-Unis ? », et de proposer un QCM en demandant de cliquer dans une liste de villes. Par contre, si l'on pose une question ouverte, il faut être certain de bien traiter toutes les possibilités de réponse. Rien n'est plus frustrant pour l'apprenant qu'une réponse non comprise par l'ordinateur, et dans ce cas, on peut considérer qu'une question fermée vaut mieux qu'une question ouverte mal analysée par le didacticiel. Dans le cas où le clavier est utilisé pour les réponses ouvertes, on prendra soin de limiter les allers-retours entre clavier et souris.

Bien entendu, l'apprenant doit pouvoir corriger sa réponse après l'avoir saisie. Il est d'autre part intéressant de lui permettre de revenir en arrière sur la question pour voir ce qui se serait passé s'il avait répondu autrement. Enfin, dans les exercices, il est important de mettre à disposition de l'apprenant une requête solution. Selon le choix du pédagogue, la requête solution pourra être accessible en permanence, ou n'être active que dans certaines conditions (nombre de tentatives déjà effectuées par l'apprenant, niveau de difficulté choisi, paramètrage par le formateur). Enfin, en matière de pédagogie, il est souvent utile à l'apprenant de prendre des notes tout au long de son avancement dans le didacticiel. Cette prise de notes sur ordinateur peut être assurée soit par un outil standard du système (bloc-notes ou calepin), soit par un outil spécifique à l'application multimédia.

6.7. Aide et assistance

Bien que l'on prenne toutes les précautions pour concevoir un produit multimédia simple à utiliser, il est souvent préférable de mettre à disposition de l'utilisateur une fonction d'aide. Cette aide doit bien entendu être très claire, accessible très facilement et disponible en permanence.

Dans la plupart des produits multimédias, l'aide est essentiellement une aide opératoire c'est-à-dire un mode d'emploi. Il est souvent utile de fournir cette aide opératoire au lancement du produit sous forme d'un module « Accueil et prise en main ». Dans ce cas, on permettra bien entendu à l'utilisateur expérimenté d'en court-circuiter le déroulement. Mais cette aide doit également être utilisable en permanence et de la façon la plus adaptée au contexte dans lequel se trouve l'utilisateur. Il est à noter que, plus l'ergonomie du produit est bonne, plus l'aide opératoire sera facile à formuler.

En matière de multimédia pédagogique, on distingue généralement deux types d'aide :

– Aide sur le fond, ou aide pédagogique,
– Aide sur la forme ou aide opératoire.

Alors que l'aide opératoire constitue le mode d'emploi du produit, l'aide pédagogique sera utile lorsque l'apprenant est en difficulté pour effectuer un exercice, lorsqu'il a besoin de données supplémentaires, etc. Ces deux types d'aide doivent être bien distinctes, et présentées différemment à l'apprenant. Si l'aide est réellement bien conçue, une des conséquences sera, si le produit est intégré à une formation, d'alléger de façon importante le travail du formateur. Celui-ci pourra ainsi se consacrer pleinement à sa fonction d'animation.

Outre ces requêtes d'aide on utilise souvent des outils complémentaires tels que :

– Documentation écrite accompagnant le module de formation multimédia ;

– Lexique ou dictionnaire, accessible par une requête particulière ou par la technique d'hypertexte ;
– Historique avec repérage dans le déroulement du didacticiel ;
– Requête particulière permettant d'obtenir l'énoncé des objectifs pédagogiques ;
– Calculatrice, outils annexes spécifiques au contenu de l'application.

6.8. Démarche pédagogique dans un multimédia de formation

La démarche pédagogique mise en œuvre dans un produit multimédia de formation, doit avant tout tenir compte du caractère spécifique du multimédia. Il ne faut pas chercher à remplacer tous les autres outils pédagogiques, mais plutôt à les compléter. On a vu malheureusement trop souvent des produits multimédias qui n'étaient que des livres transférés sur un support CD-Rom. Il est nettement préférable de réfléchir à la complémentarité du multimédia avec d'autres outils de formation.

Associé à la démarche pédagogique, le caractère spécifique du multimédia génère nécessairement un certain style. Le style général doit être clair, concis, sans ambiguïté. Le multimédia a son propre langage, comme l'audiovisuel ou la publicité ont les leurs, et on gagnera souvent en efficacité en utilisant un langage net et percutant. Concernant les voix-off, le ton du commentaire et le choix des voix devra être adapté au contenu et au public visé.

Dynamisme et rythme sont importants. Il est souhaitable de profiter au maximum des possibilités offertes par le multimédia en matière d'animation. Pour donner du dynamisme au produit, il est souvent souhaitable qu'il soit parsemé de quelques surprises réservées à l'utilisateur.

Le style d'ensemble devra éviter l'austérité, mais sans avoir recours à des fioritures inutiles. La sobriété est souvent efficace en matière de formation. Même des thèmes de formation arides peuvent être traités au moyen du multimédia de façon ludique, conviviale et attrayante. Le style d'ensemble devra bien entendu être adapté au contenu traité et au public visé.

Une démarche pédagogique qui vise à exploiter au mieux les possibilités du multimédia sera nécessairement orientée vers l'apprenant, et privilégiera :

– l'esprit ludique de l'apprenant ;
– l'activité de l'apprenant ;
– la découverte, la validation des hypothèses et le droit à l'erreur ;
– l'implication de l'apprenant à travers un rôle ;
– l'individualisation de l'apprentissage par une adaptation du cheminement en fonction des réponses.

Sur le plan de l'individualisation, il sera nécessaire de tenir compte des prérequis fixés et de les rappeler si c'est nécessaire. Enfin, en matière d'individualisation, on donnera la possibilité à l'apprenant de démarrer le déroulement à plusieurs points d'entrée différents.

La démarche pédagogique devra d'autre part prendre en compte le plaisir de l'apprenant. On apprend mieux en ayant du plaisir et un bon didacticiel multimédia donnera à l'apprenant envie de continuer et soutiendra sa motivation.

En matière de stratégie pédagogique, l'humour et l'inattendu peuvent être présents, mais il faut être conscient que l'humour est difficile à manipuler, et qu'il peut entraîner des effets secondaires non souhaités. Certains produits multimédias exploitent avec brio l'utilisation d'un personnage conducteur, ou d'une mascotte, de style bande dessinée, qui ajoute à la formation un côté convivial et sympathique.

Il convient d'insister, en matière de démarche pédagogique, sur l'importance qu'il y a de bien définir le public auquel on s'adresse. Dans le cas où le produit s'adresse à plusieurs publics différents, on prendra soin de permettre plusieurs niveaux de lecture ou d'approfondissement selon les différentes cibles.

Une bonne démarche pédagogique passe aussi nécessairement par la formulation claire et précise des objectifs pédagogiques.

Il est possible dans un même didacticiel multimédia de faire appel à des démarches pédagogiques variées, mais en ayant un fil conducteur pour l'ensemble. Dans la plupart des cas, il est nécessaire de découper le contenu pédagogique en éléments simples, exposés sous forme de séquences courtes, et enchaînés avec une bonne progressivité. Il est nécessaire, tout au long du déroulement, de procéder à des tests de connaissances, et d'évaluer les perfectionnements de l'apprenant. Celui-ci doit être régulièrement informé de ses acquis et de sa progression.

Concernant le repérage de l'apprenant dans le déroulement, il est souhaitable de lui présenter d'entrée la démarche pédagogique globale, ainsi que les objectifs et les durées nécessaires pour suivre chaque séquence, ou chaque chapitre. En matière de pédagogie, très souvent les formateurs souhaitent pouvoir personnaliser les outils qui leur sont fournis. La plupart des formateurs sont réellement efficaces s'ils mettent en œuvre une démarche pédagogique qui est la leur ou du moins qui s'en rapproche. C'est pourquoi les formateurs souhaitent souvent marquer les produits multimédias de leur empreinte, en changeant l'ordre de déroulement du produit, en accédant à un bloc pédagogique particulier, ou en rajoutant leurs propres exercices.

La personnalisation par le formateur peut se faire d'autre part avec la possibilité de changer certains paramètres de déroulement, comme par exemple donner l'accès à la solution, choisir un niveau de difficulté, etc. Malheureusement, peu d'outils multimédia offrent aujourd'hui ces fonctionnalités, essentiellement pour des raisons de coût de conception.

Enfin, en matière de démarche pédagogique, il convient de ne pas oublier les outils complémentaires du multimédia, et en particulier les documents imprimés qui peuvent être fournis à l'apprenant au début du suivi, ou qui peuvent être imprimés par lui-même tout au long du déroulement. L'utilisation de documents écrits permettra ainsi à l'apprenant de garder une trace de son apprentissage après qu'il ait quitté le poste de formation.

Annexes

Check-list à utiliser lors de la conception d'un produit multimédia

La liste ci-dessous donnera au concepteur multimédia des éléments de réflexion et d'analyse critique en vue d'améliorer la qualité des produits.

Les questions de la liste peuvent faire l'objet d'un travail de groupe dans l'étape de spécifications ou de maquettage

1. Utilisation des médias

Votre sujet et vos objectifs nécessitent-ils qu'il y ait un (ou des) média(s) prédominant(s) ? Lesquels ?

- Texte écrit,
- Graphismes et dessins,
- Animations graphiques,
- Photographies,
- Son : musique,
- Son : voix off,
- Film et vidéo.

Ou au contraire le rapport entre les médias doit il être équilibré ?

Certains médias sont-ils inutiles ?

A quoi est utilisé le son ?

Le texte à l'écran reprend-il la totalité du contenu de la voix off ?

Qu'apporte le graphisme sur le plan de la communication ou de la pédagogie ?

Les animations sont-elles nécessaires à la compréhension de votre sujet ?

Les dessins sont-ils plutôt de style graphique, BD, réaliste, schémas techniques ?

A.2. Interactivité/questions

Votre produit est-il très interactif ou plutôt « tourne-page » ?

Le dialogue est-il personnalisé ? Comment ?

Analyse des interactions dans un didacticiel :

– Quels types d'interactions? (choix multiple, oui/non, ouverte, etc.) ;
– Objectif des questions posées : acquisition de connaissances, application, généralisation, analyse, contrôle de connaissance, attention ;
– Y a-t-il une limite de temps pour répondre?
– Le temps est-il compté ?
– A-t-on la possibilité de corriger ?
– Le choix fait, est-il possible de connaître la réponse de l'autre proposition ?
– Peut-on passer à la suite du parcours sans répondre à la question ?
– A-t-on accès à la solution ?
– A-t-on plusieurs essais de réponse autorisés ? Combien ?
– Y a-t-il toujours un feed-back envoyé à l'utilisateur après sa réponse à une question ?
– Que se passe-t-il si on donne une réponse fausse ?
– Après réponse de l'utilisateur, les commentaires pédagogiques apportent-ils un complément d'information ou un élargissement ?
– Type de commentaire après avoir donné une bonne réponse :

° Félicitations, encouragements,
° Commentaire de la réponse donnée,
° Reformulation de la réponse donnée,
° Affichage de la réponse (solution),
° Autre.

– Type de commentaire après avoir donné une mauvaise réponse

° Sanction,
° Encouragements,
° Commentaire de la réponse donnée,
° Explication complémentaire, indices,
° Reformulation de la question,
° Reformulation de la réponse donnée,

° Affichage de la réponse (solution),
° Autre.

– Son : Peut-on ré-entendre les commentaires relatifs aux réponses ?
– Après réponse, y a-t-il un code couleur suivant les bonnes ou mauvaises réponses ?

A.3. Navigation et repérage

L'utilisateur peut-il :

– Choisir à l'aide d'un sommaire certaines parties ?
– Arrêter le déroulement et sortir quant il veut ?
– Revenir au menu général à tout moment ?
– Facilement corriger ses erreurs tant qu'il n'est pas sûr de son choix
– Sauter le déroulement de séquences ?
– Obtenir la définition de mots techniques ?

Comment l'utilisateur se repère-t-il dans le produit ?

Comment l'utilisateur sait-il ce qui lui reste à faire dans la partie en cours ?

Comment l'utilisateur sait-il les parties qu'il a déjà suivies ?

Le parcours est-il plutôt libre ou guidé ?

Plusieurs modes de navigation sont-ils possibles ?

Comment peut-on changer de mode de navigation au cours d'une séquence ?

Pour les didacticiels :

– Est-il possible de démarrer le parcours à plusieurs points d'entrée, selon le niveau, le public ? Est-ce souhaitable ?
– Est-il nécessaire de passer des tests pour avancer dans le produit ? Est-ce souhaitable ?

A.4. Ergonomie

Quelles sont les requêtes disponibles pour l'utilisateur ?

Comment sont-elles accessibles ?

Ces requêtes sont-elles suffisantes ? Superflues ?

Peut-on savoir à tout moment si les requêtes sont actives ?

Les touches fonctions du clavier sont-elles utilisables ?

De quelle couleur sont représentées les consignes opératoires ?

A quoi est utilisé le clavier ?

L'écran est il découpé de façon cohérente ?

– A quoi chaque zone est-elle destinée ?
– Y a-t-il une zone titre ?
– De quoi est-elle composée ?

Existe-t-il un code couleur bien défini (tout changement de couleur est porteur d'une signification)

Après réponse de l'utilisateur, y a-t-il un code couleur spécifique pour le commentaire envoyé en retour ? Lequel ?

De quelle couleur sont représentées les consignes opératoires ?

De quelle façon est visualisée la sélection d'un choix dans un menu ?

Peut-on interrompre une animation ? Comment ?

Peut-on revoir une animation ? Comment ?

Peut-on réécouter un commentaire sonore ? Comment ?

Peut-on interrompre un commentaire sonore ? Comment ?

Peut-on revoir une séquence vidéo ? Comment ?

Peut-on interrompre une séquence vidéo ? Comment ?

Y a-t-il la possibilité d'obtenir la définition de mots techniques ? Comment ?

Comment sont repérés les mots sensibles ?

Quels sont les outils annexes disponibles pour l'utilisateur ?

A.5. Aide/assistance

Le produit est-il auto-utilisable (sans assistance extérieure) ?

Existe-t-il une aide intégrée? Touche-t-elle :

– au contenu (aide à la compréhension) ?
– au mode d'emploi (aide opératoire) ?

L'aide tient-elle compte du contexte et est-elle différenciée ?

Les suppléments d'aide suivants sont-ils présents et utilisables en permanence ?

– Documentation,
– Lexique ou dictionnaires,
– Enoncé clair des objectifs,
– Calculatrice.

Y a-t-il la possibilité d'obtenir la définition de mots techniques ? Comment ?

Obtient-on de l'aide après avoir donné une mauvaise réponse ? Sous quelle forme ?

– Commentaire de la réponse donnée,
– Explication complémentaire, indices,
– Reformulation de la question,
– Reformulation de la réponse donnée.

La solution à une question est-elle accessible ? Toujours ?

Pour utiliser le produit, la présence d'un animateur est-elle : indispensable, souhaitable, inutile.

A.6. Style Général

Quel est l'aspect général de l'écran ?

Le style du produit vous semble plutôt :

– Austère,
– Vivant,
– Convivial,
– Ambigu,
– Dynamique,
– Humoristique,
– Technique,
– Autre :

Le style général vous semble-t-il adapté au public visé ?

Le style général vous semble-t-il adapté au sujet traité ?

A-t-on recours à l'humour ? Au jeu ?

Le style du produit est-il de nature à exciter la curiosité ?

Que pensez-vous du style des graphismes ?

Les graphismes et illustrations sont plutôt :

– Ludiques,
– Didactiques,
– Utiles,
– Superflus,
– Insuffisants,
– Trop nombreux.

Style des textes :

– Que pensez-vous du style utilisé pour le texte ?
– Le vocabulaire utilisé vous semble-t-il adapté au public visé ?
– Que pensez-vous du style utilisé pour les voix-off ?
– Le vocabulaire et le ton utilisés vous semblent-ils adaptés au public visé ?
– La musique utilisée vous semble-t-il adapté au public visé et au sujet traité ?

Bibliographie

Généralités sur le multimédia, aspects culturels, marché du multimédia

Michèle le Meur, *Le multimédia - Production, Edition, Distribution* - Dixit, 1996
Approche généraliste assez complète avec des informations détaillées sur les aides à l'édition multimédia.

Jean-Baptiste Touchard, *Multimédia interactif - Edition et production* - Microsoft Press, 1994.

Michel Agnola, *Passeport pour le multimédia* - Edition CFPJ, 1996.

Dominique Monet, *Le multimédia* - Dominos Flammarion, 1995.

Daniel Ichbiah, *Planète multimédia* - Dunod, 1994.
Approche « sociologique » des nouvelles technologies liées au multimédia.

Norbert Paquel, *L'explosion du multimédia et des réseaux* - Les éditions d'organisation, 1995.

Franck Jaclin, *Le multimédia* - Maxima, 1993.

Technique multimédia

CNDP, *Les images numériques* - CNDP, 1995.

J. Notaise, J. Barda et O. Dusanter, *Dictionnaire du multimédia* - Afnor, 1995.
Ce dictionnaire pourrait être classé dans les ouvrages généralistes, mais donne des informations très précises sur tous les aspects techniques.

Georges Zénatti, *CD-Rom et vidéo sur CD* - Hermès, 1996.
Très complet et très précis sur la technologie CD. Inclut également une description détaillée des normes MPEG.

Claudine Schmuck, *Introduction au multimédia, Technologies et marchés* - Afnor, 1995.

Andy Rathbone, *Multimédia et CD-Rom pour les nuls* - Sybex, 1994.

Erik Holsinger, *Le multimédia... comment ça marche ?* - Dunod, 1994.
Ouvrage de toute première initiation.

Victor Sandoval, *La télévision interactive* - Hermès, 1995.

The blue book, a professional digital media guide - Digipro, 1994.

J.M. Gillet, *L'interface graphique* - Interédition, 1995.
Indispensable pour les concepteurs qui veulent préciser leurs connaissances en matière d'ergonomie et d'interactivité.

J.M. Herellier, *Le multimédia, livre d'or* - Sybex, 1994.

Internet et réseaux

CNRS et Universités, *L'internet professionnel* - CNRS éditions, 1995.

G. Théry, *Les autoroutes de l'information - Rapport au Premier Ministre* - La documentation française, 1994.

CET OUVRAGE A ÉTÉ COMPOSÉ
PAR LES ÉDITIONS HERMÈS
REPRODUIT ET ACHEVÉ D'IMPRIMER
PAR L'IMPRIMERIE FLOCH À MAYENNE
EN FÉVRIER 1997.

DÉPÔT LÉGAL : FÉVRIER 1997.
N° D'IMPRIMEUR : 41075.
Imprimé en France